GESTIÓN CREATIVA
DE LA AGENCIA DE PUBLICIDAD

Adriana Diaz del pinal

YUMELIA: TEXTOS

Jorge del Río Pérez

GESTIÓN CREATIVA
DE LA AGENCIA
DE PUBLICIDAD

EDICIONES INTERNACIONALES UNIVERSITARIAS
MADRID

Primera edición: Septiembre 2007

© 2007: Jorge del Río Pérez
Ediciones Internacionales Universitarias, Eiunsa, S.A.
Pantoja, 14 bajo – 28002 Madrid
Tfno.: +34 91 519 39 07 – Fax: +34 91 413 68 08
e-mail: info.eiunsa@eunsa.es

ISBN: 978-84-8469-217-1
Depósito legal: NA 2.695-2007

Diseño cubierta: Andoni Egúzquiza
Tratamiento: Pretexto. Estafeta, 60. Pamplona
Imprime: Imagraf, S.L.L. Mutilva Baja (Navarra)

Printed in Spain – Impreso en España

El espacio dedicado a los agradecimientos
está escrito con tinta de zumo de limón

ÍNDICE

INTRODUCCIÓN 11

A.
EL CLIENTE: LA *MADRE DEL CORDERO* DEL TRABAJO CREATIVO

1. EN BUSCA DE UNA ESTRECHA RELACIÓN 16
2. AGENCIA COMO SOCIO Y NO COMO PROVEEDOR 20
3. LAS BARRERAS QUE MINAN LA CREATIVIDAD PUBLICITARIA 22
    3.1. Pérdida de confianza en el profesional 22
    3.2. Burocracia en las decisiones 24
4. PRESUPUESTO Y PLAZOS DE ENTREGA 26

B.
LA GESTIÓN HUMANA DEL DEPARTAMENTO CREATIVO

1. FORMACIÓN DE LAS DUPLAS CREATIVAS: LA «ABRASIÓN CREATIVA» 35
2. CONFLICTOS DIARIOS: UNA LUCHA DE EGOS 41
3. BLOQUEOS CREATIVOS: CÓMO DETECTARLOS Y ERRADICARLOS 46
4. LA MOTIVACIÓN DEL CREATIVO: EL DESEO DE UN TRABAJO BIEN HECHO 49

C.
LA GESTIÓN DE LOS FACTORES EXTERNOS
DEL DEPARTAMENTO CREATIVO

1.   EL HORARIO DE LA AGENCIA: ¿UN CÍRCULO VICIOSO PARA LA CREATIVIDAD?   57

   1.1.   La pérdida de contacto con el mundo exterior   61

BIBLIOGRAFÍA   67

ENTREVISTAS   73

En el momento de las entrevistas, ellos trabajaban en las siguientes agencias:

Álex Ripollés, Director Creativo ejecutivo de Euro RSCG
Antonio Fernández, Director Creativo ejecutivo de Publicis España
César García, Director Creativo ejecutivo de Saatchi & Saatchi
Enrique González, Director Creativo ejecutivo de Lowe Lintas
Fernando Macía, Director Creativo ejecutivo de Tandem Campmany Guasch DDB
Joan Teixidó Terres, Director General y Director Creativo ejecutivo de TBWA Barcelona
José Luis Esteo, Director Creativo ejecutivo de Remo & Asatsu
Nicolás Hollander, Director Creativo ejecutivo de McCann Erickson
Paco Segovia, Director Creativo ejecutivo de J. Walter Thompson
Toni Segarra, Director Creativo ejecutivo de S.C.P.F.

puente. (Del lat. *pons, pontis*). 1. m. Construcción de piedra, ladrillo, madera, hierro, hormigón, etc., que se construye y forma sobre los ríos, fosos y otros sitios, para poder pasarlos. Era u. t. c. f. Dialectalmente, u. c. f. 2. m. Suelo que se hace poniendo tablas sobre barcas, odres u otros cuerpos flotantes, para pasar un río. 3. m. Tablilla colocada perpendicularmente en la tapa de los instrumentos de arco, para mantener levantadas las cuerdas. 4. m. Pieza de los instrumentos de cuerda que en la parte inferior de la tapa sujeta las cuerdas. 5. m. Pieza metálica...

(Profesión y Universidad. Un mismo río separado por varios escollos, a veces reales y otras veces sustentados por falsos prejuicios).

INTRODUCCIÓN

La presente obra propone construir un puente de unión entre todos los implicados en el difícil mundo de la comunicación comercial, y más concretamente, en el de la generación de ideas publicitarias.

Con esta perspectiva, el libro intenta mostrar algunas reflexiones sobre las diversas condiciones que influyen en departamento creativo de una agencia de publicidad y la adecuada gestión para el fluir de la creatividad. Unos juicios sobre cómo gestionar un entorno creativo para mejorar el producto de comunicación comercial en las agencias.

El presente volumen está construido sobre la revisión de los principales trabajos sobre gestión creativa en la agencia realizados por científicos y enriquecido por la experiencia de diez directores creativos. Una metodología de estudio que intenta aunar la profesión con la investigación científica.

A lo largo de los siguientes capítulos, el lector encontrará *recetas* sobre cómo se pueden gestionar tres factores que moldean el entorno de trabajo en el departamento creativo de la agencia y que influyen sobre la producción de creatividad: el cliente, el entorno humano y el horario de trabajo.

A. EL CLIENTE: LA *MADRE DEL CORDERO* DEL TRABAJO CREATIVO

Sin una adecuada relación entre el cliente y la agencia publicitaria es difícil producir buena publicidad. Tanto es así, que en el mundo de los negocios, pocas relaciones hay tan intensas como la que une a un anunciante con su agencia. Y tampoco parece existir una fórmula mágica que asegure el éxito en la colaboración.

Enrique González se atreve a calificar al cliente como la *madre del cordero* de todo el proceso de trabajo por ser el elemento central a la hora de realizar un trabajo eficaz y creativo:

> El cliente es la madre del cordero. El cliente es, como aparecía en algún artículo, sencillamente una parte del problema que hay que resolver. Algunas veces, sabiéndolo o no, es quien tiene la solución. Tiene tan claro el problema que ese completo conocimiento es lo que ayuda extraordinariamente a encontrar la solución. Otras veces, por el contrario, el cliente se convierte en un problema muy claro para que la solución progrese. Y en cualquier caso, nos jugamos la calidad de la comunicación en la relación con el cliente. Es una relación muy importante; esto lo oirás una y otra vez; te aburrirás de oírlo. Pero no por eso deja de ser muy importante; el cliente es un elemento fundamental.

Incluso Toni Segarra se aventura a decir que sin un cliente de calidad es difícil obtener excelente creatividad:

> (...) es imposible hacer un buen trabajo sin un buen cliente: esto es una verdad absolutamente matemática. Necesitas un cliente que te permita hacer ese trabajo, que te oriente para hacer ese trabajo. Se trata de un trabajo en equipo.

Durante los últimos años, libros y revistas académicas y profesionales han intentado despejar la incógnitas que garanticen o aseguren la relación perfecta entre ambas partes. Como dijo Miln (1995), es una discusión «interminable» que surge año tras año en todas las conferencias sobre publicidad.

En la mayoría de las investigaciones publicadas, las relaciones se abordan desde el plano de la agencia como un ente único –o desde el vínculo que se establece entre el ejecutivo de cuentas y el cliente– y nunca desde la relación con el departamento creativo. No obstante, algunos autores muestran factores en la relación que sí influyen sobre el trabajo del creativo. Hirschman (1989) se refirió a las imposiciones monetarias o de presupuesto, restricciones de tiempo e incluso la imposición de valores corporativos sobre el mensaje como elementos que controlaba el cliente en el proceso de ideación del departamento creativo. –Los límites de tiempo y los límites económicos son principalmente los factores más nombrados a la hora de ver la influencia del cliente sobre la creatividad (Bengtson, 1982; Fletcher, 1990; Ricarte, 1998)–.

Capon y Scammon (1979) y Mondroski, Reid y Russell (1983) a la hora de elaborar un análisis sobre las decisiones creativas en la agencia de publicidad destapan algunas conclusiones sobre el tipo de relación entre cliente y agencia. Los primeros recogen que la agencia asume siempre el papel de vendedor. Así el cliente se convierte en el mayor consumidor de la agencia y esta debe promover una relación familiar e intentar sustentar la conexión. Capon y Scammon (1979: 55-51) muestran la existencia de frecuentes contactos promovidos por la agencia y en muchos casos, la agencia recomienda desarrollar nuevas campañas para parecer más creativos incluso cuando el cliente ya tiene una comunicación comercial en funcionamiento con resultados positivos. En el estudio, los autores llegan a la conclusión de que en muchos casos la agencia muestra las situaciones de modo descriptivo y nunca da recomendaciones que afecten negativamente a su relación con el cliente: no asumen riesgos.

Mondroski, Reid y Russell (1983) dan un paso más y construyen dos recomendaciones para moldear la relación del personal creativo con el cliente. Creen que los creativos deberían estar más envueltos en los contactos con los clientes y que siempre presentaran las campañas ante ellos para asegurarse la compresión de la idea y el esfuerzo puesta en ella. También, señalan que el tamaño del cliente o el tipo de cuenta puede influir en el proceso creativo. Esta última línea de trabajo es recogida por West (1999), quien en su estudio refleja que las agencias toman un número mayor de riesgos y ofrecen proposiciones más creativas a clientes pequeños, mientras que con las grandes cuentas son más conservadoras. Es decir, el riesgo creativo es menor y en muchos casos la culpa procede del propio cliente y los problemas burocráticos en la toma de decisiones (1999: 47 y 48).

Existe una extensa literatura donde se analiza la relación de la agencia con el cliente y más exhaustivamente el contacto de los ejecutivos de cuentas. Por ejemplo, Hotz, Ryans y Shanklin (1982: 44) han identificado cuatro potenciales áreas de conflicto entre los clientes y los ejecutivos de las agencias: alto movimiento de personal en las agencias, ayuda del cliente a la agencia, ineficacia en la organización del cliente y confusión en el papel de la agencia.

Hunt y Chonko (1987), por otra parte, analizaron a través de 300 entrevistas los problemas éticos de los ejecutivos de las agencias a la hora de relacionarse con los clientes. Los conflictos que aislaron se centraban sobre el modo de pago de los servicios prestados por la agencia, la honestidad de los mensajes creados, la posición ética de la agencia a la hora de asumir cuentas de clientes cuyos productos o servicios fueran nocivos, innecesarios. Incluso, existen trabajos donde se atiende a la propia idiosincrasia de la relaciones en un país determinado como en Sudáfrica (Davidson & Kapelianis, 1999).

Por supuesto, también los investigadores han cambiado la perspectiva de estudio y se han fijado en las relaciones desde el punto de vista del cliente. Sobre todo los casos más habituales se refieren a las pautas que debe seguir el cliente a la hora de escoger o seleccionar una agencia (Dowling, 1994; Marshall & Bong Na, 1994).

La búsqueda de la excelencia en la relación entre cliente y agencia se ha tratado desde el punto de vista de la agencia –y, más concretamente, el ejecutivo de cuentas– o desde la visión propia del cliente. El vínculo de unión con el departamento creativo solo surge en el momento de la presentación de las ideas al cliente y en los obstáculos de tiempo y presupuesto que influyen en su trabajo. Parece por tanto claro que es el ejecutivo de cuentas quien asume el papel principal y casi exclusivo de interlocutor de la agencia con la cuenta, como así lo indica de forma clara Ewing, Pinto y Soutar (2001: 170):

> La función del ejecutivo de cuentas de la agencia puede ser difícil de definir. Tienen un directo y regular contacto con el cliente y su trabajo es comunicar al personal de la agencia, que posee la cuenta, las necesidades del cliente. También se espera que tengan en la cabeza la visión tanto de la agencia como del cliente y ayuden en la formulación de la estrategia y las metas de la campaña publicitaria, así como la presentación del producto creativo que la agencia ofrece. Si cualquier punto de la relación personal entre el cliente y el ejecutivo de cuentas falla, la asociación entera se puede comprometer, dando como resultado un posible malentendido con los objetivos de la campaña o, en casos más serios, la disolución de la asociación entre el cliente y la agencia (Beard, 1996).

Sin embargo, ¿cómo debe ser la relación del departamento creativo con el cliente? En los siguientes epígrafes se intentará resolver esta cuestión. Para ello, se analizarán cuatro puntos básicos en el día a día del departamento creativo: la intensidad de relación entre el departamento creativo y el cliente tipo de relación; obstáculos en la relación; y consecuencias del factor presupuesto y plazo de entrega como condicionantes indisolubles del cliente dentro del departamento creativo.

1. En busca de una estrecha relación

Hirschman (1989) intentó que los implicados en el proceso de creación de un anuncio televisivo –desde su inicio hasta su rodaje y emisión– reconstruyeran su propia visión de las fases de construcción del *spot*. Respecto al contacto del cliente con el departamento creativo, se desarrolló por los vínculos clásicos. Es decir, el equipo creativo presentaba el concepto plasmado en el *storyboard* al cliente que aprobaba o no la campaña. Los contactos en el inicio del proceso fueron nulos y el posicionamiento estratégico y la estrategia creativa eran realizados por el ejecutivo y el director de cuentas, que habían establecido frecuentes reuniones con el cliente, y muy raramente los creativos estaban envueltos en un nuevo plan de publicidad.

Sin embargo, algunos creativos, al preguntarles sobre la relación entre el departamento creativo y el cliente, contradecían a Hirschman y confesaban que los lazos son mucho más directos y no quedan reducidos a la presentación final de la idea:

> Por regla general, yo soy partidario de que el equipo de trabajo esté junto desde el principio y que tenga un contacto muy directo con el problema y con quién transmite el problema. Yo soy partidario de esa teoría y solemos hacerlo así, aunque a veces no se pueda. No se puede estar al completo o a veces no funciona al cien por cien. *Enrique González*

> Intentamos tener mucha relación con el cliente. Lo que sucede es que los clientes muchas veces están tan metidos en su mundo que no tienen la capacidad de observar las cosas desde fuera. Están tan metidos en las ventas diarias que algunos son incapaces de elaborarte un *briefing*. Nosotros intentamos tener mucha relación con ellos. Yo me intento reunir todas las semanas con ellos y les pregunto cómo van las ventas, el producto, etcétera, y ellos nos cuentan. Pero al final intentamos ser nosotros los que destilamos sus inquietudes y llegamos a una conclusión. Y hay veces que cuando llegas con una conclusión al cliente, este te dice: «No, no y no». Y ahí somos fuertes con nuestra campaña: cuando escogemos ese camino es porque estamos muy convencidos y porque lo hemos analizado detenidamente. Otras veces, el cliente te dice «por aquí» y está muy claro. Lo que te da el cliente es información, pero noso-

tros no pretendemos hacer anuncios informativos, porque si quieres contarlo todo, al final no cuentas nada. No tenemos más remedio que introducirlo todo por un embudo y concluir en algo. *José Luis Esteo*

Quizá la diferencia de tiempo con el estudio de Hirschman y la evolución de la profesión sean las causas de este cambio. Tampoco se deben desterrar las palabras de Taylor, Hoy y Haley (1996: 3 y 4) sobre las diferencias culturales entre las agencias de distintos países como otra razón que explique esta nueva situación:

> No studies published to date have examined the advertising creative process in another culture. (...) Rotzoll and Haefner's (1990) observation that advertising (as an institution) must be considered in light of the cultural expectations set for it and that advertising plays different roles in different societies applies equally to how advertising is created in other cultures.

No obstante, como muestra el trabajo de Forbes (1994), las agencias han empezado a reestructurar sus posturas y formas de ver el negocio. Y uno de los cimientos de la *re-engineering* es situar al cliente en el centro (1994: 3):

> La fuerza impulsora del *re-engineering* es el deseo por encontrar los deseos y necesidades de los clientes de modo más barato, más rápidamente y mejor.

Está claro que el objetivo se orienta, tanto en España como el resto del mundo, hacia un intento por implantar un servicio al cliente de mayor calidad y en favor de la creatividad, pues como dice Joan Teixidó el creativo, desde el inicio, comienza a mostrarse receptivo:

> Nosotros entendemos que el creativo debe estar implicado, igual que todo el equipo de la agencia, en todos los procesos de trabajo. ¿Y dónde creemos que empieza? Creemos que empieza cuando se recibe la información. Buscamos que el creativo empiece a crear desde el inicio. Intentamos que la gente importante esté implicada durante todo el proceso, participando más o menos, pero sabiendo siempre dónde va el proceso, incluido el cliente. Nosotros creemos que lo ideal es que el cliente no esté en todas las fases del trabajo, porque a veces puede desmotivar, pero sí que esté implicado en el proceso. Antiguamente recibíamos el encargo y volvíamos para presentarle la campaña, dejarle deslumbrado. Ahora hemos creado unos puntos intermedios donde el cliente entiende cómo estás trabajando y, además, puedes establecer diálogo. Lo ideal es intentar sorprender siempre al cliente, porque si no, lo más difícil será explicarle por qué va a pagar lo que va a pagar por una agencia. Tiene que ver que detrás hay un trabajo muy serio y que hay talento. Ese creo que es el papel final del creativo. Lo demás, todo el mundo puede entenderlo y él también, y todo

el mundo puede llegar casi a hacerlo. Sin embargo, hay un momento donde entra el área creativa. Ahí, sí que es el creativo el que tiene que explotar, el que va a encontrar la solución.

También el trabajo cercano con el cliente provoca un mayor entendimiento de la marca y su problema de comunicación, lo que ahorra pérdida de datos en la filtración de la información por terceras personas al departamento creativo:

> Lo que me gusta es trabajar muy estrechamente con el cliente; es decir, me parece que hay un proceso de aprendizaje fundamental, que dura unos meses o a lo mejor unos años, en el que necesariamente tienes que trabajar codo con codo con el cliente para tratar de comprender cuál es el problema, cuál es el alma, con qué voz tienes que hablar, qué voz tienes que crear, si es que tienes que crearla. *Toni Segarra*

Finalmente, la agencia se asegura de que el cliente perciba que su desembolso económico por la creación de ideas únicas está bien invertido:

> La relación más directa con el cliente hace que no sea tan difícil explicarle que va a pagar lo que va a pagar por los servicios de una agencia pues ha comprobado que detrás hay un trabajo muy serio y un talento también muy serio: el equipo creativo va a crear una campaña que a nadie se le ocurriría, y esto creo que es el papel final del creativo. *Joan Teixidó*

Resalta la postura tomada por Paco Segovia y Julián Zuazo que señalan que tanto contacto directo con el cliente supone una *contaminación* de la creatividad. Es decir, el creativo buscaba soluciones más directas y menos creativas que resolvieran el problema del cliente. Por ello, Paco Segovia pide una menor relación con el cliente para que el departamento creativo se sienta con más libertad de creación y una vuelta a la línea anterior de trabajo como una posible vía de solución:

> No digo que el contacto con el cliente sea malo, sino que el contacto excesivo y diario, en vez de enriquecer, nos hace estar demasiado cercanos a los problemas y entonces buscamos soluciones más inmediatas y menos creativas. Creo que esta actitud es la tendencia general, y no solo ocurre en esta agencia. Yo llevo trabajando en publicidad veintiún años, y antes, la tendencia era que Cuentas llevaba el contacto con el cliente y reflexionaba, trabajaba el problema o las necesidades del cliente. Entonces tú no estabas tan empapado del problema, sino que estabas más libre para crear soluciones creativas. Pienso que esta forma de trabajar era mejor. Cuentas no te dejaba mantener un contacto tan directo con el cliente, salvo para contar tu campaña. Y ahora, sin embargo, estamos viviendo un periodo en el que se reclama a los creativos para todo. Estás tan encima de los problemas que resulta muy difícil distanciarse para darles solución.

Las palabras de Paco Segovia conducen a las ideas proclamadas por Charles Channon en el seminario *ADMAP/Campaing* celebrado en Londres en 1990 donde estableció una diferencia muy importante entre los conceptos de *efectividad*, que definió como «hacer lo correcto», y *eficiencia*, que significa «hacer algo correctamente» (Steel, 1998: 34). Quizá, tanto Segovia como Zuazo, adviertan del peligro de crear comunicación comercial más bien *eficiente* al perpetrar el proceso de creación atento a las palabras del cliente. Una línea que no comparten totalmente algunos creativos como John Webster, director creativo ejecutivo de *BMP*:

> Me he topado muchas veces con creativos que se quejan de que el cliente les obliga a componer el logo en un tipo mayor o a mencionar el nombre de la marca y de que eso «arruina la idea». Pero no somos artistas, aunque a veces nos gustaría serlo. Nos dedicamos a vender productos y tenemos esa responsabilidad ante nuestros clientes. Yo incorporo el producto de la forma más artística que puedo, pero si no centro el anuncio en ese producto, lo que hago en realidad es tirar el tiempo y el dinero, por muy entretenido o creativo que sea el anuncio. (Steel, 1998: 28).

No obstante, la relación con el cliente siempre debe intentar apuntar hacia la búsqueda de una solución correcta y abandonar la actitud de *ser* correctos, ya que como dice Steel (1998: 163) existirán más probabilidades de «producir campañas mejores y más eficaces», y en esta postura, la creatividad no está, ni mucho menos, reñida con la solución correcta. En el fondo, como explica Toni Segarra, lo esencial es que el creativo trabaje para la marca y no para el cliente como un ente. De este modo se pierde el riesgo de contaminar la creatividad:

> Yo estoy hablando de marcas que tanto el cliente como nosotros tratamos de llevar a sitios distintos. Yo no trabajo para el cliente, yo trabajo para la marca que mi cliente me pasa. Entonces yo no quiero venderle al cliente la campaña que mejor salga. Yo estoy tratando de entender la marca y de hacer lo posible para el objetivo que él se ha trazado. A la vez, él está haciendo lo mismo. Entonces, es un trabajo en conjunto para un objetivo superior. Y es así. Lo que tú no puedes hacer es confundir al cliente con tu responsabilidad. ¿Qué al cliente le va a gustar más? Yo tengo casos de clientes que se tienen que sentir cómodos con lo que tú haces, pero a eso llamo yo sentir la marca. Entonces, yo estaría confundido si lo que yo quiero es agradar a ese tipo. A pesar de que, al final, yo tengo que agradarle.

Así, y aunque en las agencias existan conductos para mantener la relación con el cliente –por ejemplo los ejecutivos de cuentas e incluso el *planner*–, parece necesario contar con el creativo en las reuniones y contactos con el cliente: la presencia de miembros de departamento creativo en las primeras fases de la campaña es primordial. Primero, porque no habrá pérdida de información y segundo, porque el creativo comienza a crear de un modo inconsciente. Quizá en fases sucesivas la relación no debe ser tan intensa ya que es aquí donde se corre el riesgo de *contaminar* la creatividad y es también el estadio en el que el creativo necesita máxima concentración para alcanzar la idea.

2. Agencia como socio y no como proveedor

Respecto al talante de la relación entre el cliente y la agencia, existe una extensa literatura. Por una parte, los manuales de creatividad donde de forma descriptiva explican los instantes donde el cliente interfiere en el proceso de creación (por ejemplo, Aznar, 1974; Aaker & Myers, 1985; McNamara, 1990; Jones, 1999). Fletcher (1973, 1999) indica que las relaciones deben ser serias y no desembocar en meras reuniones sociales, una imagen contraria a la difundida por autores como Mayle (1990: 34) donde se ridiculiza a la agencia y su relación con el cliente:

> En publicidad no se trata nada de importancia sin la proximidad de un vaso o un cuchillo y un tenedor, y probablemente fue un publicitario el inventor de la costumbre odiosamente incivilizada del *desayuno de trabajo*. Pero, por lo general, no se arrastra a los clientes a este acto hasta que no están bien amarrados en el saco.

La cuestión que aquí se plantea es sobre cómo debe ser la relación que ayuda a impulsar la creatividad dentro del departamento creativo. Por supuesto la relación es interesada y así lo refleja la definición propuesta por de los Ángeles (1996: 41) del concepto de creatividad publicitaria: «Actividad profesional que, de manera organizada y mediante contraprestación, tiene por objeto idear y elaborar mensajes publicitarios». En el fondo, el fin empresarial de la agencia en último término es igual al presentado en cualquier otro negocio: vender (Ring, 1993: 46).

No obstante, para los profesionales consultados, aunque la relación sea mercantil, se necesita establecer un vínculo de asociación y la agencia no debe ser vista como un proveedor de ideas. Incluso, José Luis Esteo especifica que el cliente y la agencia deben ver un mismo fin en su conexión:

> La agencia y el cliente deben verse como socios, como amigos. El cliente no debe ver a la agencia como un proveedor, ni la agencia debe ver al cliente solo como cliente. El cliente y la agencia deben estar en el mismo barco y este es el barco de las ventas. Pero no de las ventas entendidas en el sentido de cuántas unidades voy a ven-

der, sino en las ventas y en el posicionamiento de la marca a largo plazo. Y entonces se deben sentar y discutir mucho y llegar a un punto común. Lo que ocurre es que sería más deseable que los clientes mirasen más a medio plazo que a corto. Que diesen *briefings* y no solamente tareas. En estos momentos, un 80 por 100 de lo que los clientes dan no son más que tareas.

La idea de proyecto común surge una y otra vez: «El mejor modo de trabajar con el cliente –se reafirma Enrique González– es a través de una relación de *partnership*. Esto quiere decir que se comparten muchas cosas, que no solo se comparten expectativas de negocio, sino que parece que hay un proyecto en común».

Los profesionales intentan borrar la idea de proveedores de ideas o fuentes de creatividad para las estrategias publicitarias que el cliente se marca. Una idea que West (1999: 40) comparte en su estudio:

> Las agencias no son indiferentes a los intereses de sus clientes, pocas permanecerían detrás paradas y mirarían en la distancia a sus clientes jugar con sus negocios. En lugar de esto, se reconoce extensamente que las agencias, como profesionales, se alinean con los intereses de sus clientes (Sharma, 1997).

En el fondo como afirma Feldwick (1997), las partes implicadas, además de avanzar hacia un objetivo común, deben también «conciliar sus modelos mentales» para construir una relación positiva.

Dentro de la profesión ya existen ejemplos donde la relación del cliente con el creativo es casi inexistente: los *freelance*. Una postura de trabajo más radical que la anunciada por Segovia y Zuazo, y que autores como Kover y Goldberg (1995) ven correcta para lograr un trabajo con mayor calidad creativa, a la vez que rechazan la relación estrecha entre el departamento creativo y el cliente:

> Más que intentar incrementar la integración, nuestra sugerencia es incrementar la separación entre las partes; por ejemplo, reducir el número de interacciones que los creativos tienen con los directivos de la agencia y el cliente. Hacer que el esfuerzo creativo se realice libre y separado en una suborganización al margen del trato diario con los ejecutivos de cuentas.

Por tanto, y para que la creatividad surja en la agencia, la relación debe mantenerse en la línea de alcanzar un objetivo común. Una política distinta a esta provoca conflictos donde la agencia y el departamento creativo siempre acaban cediendo. Por ejemplo, clientes que se empeñan en luchar porque aspectos estéticos de las campañas –cuerpos de letra, colores, logos, etc.– salgan a su gusto aunque el departamento creativo piense que daña la calidad de su mensajes. Tales situaciones terminan convirtiendo a la agencia en un proveedor y de este modo, el ánimo de los creativos decae y automáticamente la creatividad se pierde.

3. Barreras del cliente: pérdida de confianza y burocracia en las decisiones

3.1. Pérdida de confianza en el profesional

En los últimos años, la tendencia del cliente se orienta a diversificar el número de empresas que se encargan en su comunicación. Como se recoge en la teoría del *Integrated Marketing Communication,* las empresas contratan la estrategia, la creatividad y los medios en diferentes empresas: consultorías, agencias especializadas en marketing directo, internet, etcétera, o centrales de medios. Las agencias convencionales han comenzado a perder el monopolio de todo el proceso (Rainey, 1997; Sorrell, 1997; Kliatchko, 2005). Así, el departamento creativo de una agencia se ha convertido, a la vista de muchos directores creativos, en proveedores de creatividad:

> Creo que estamos viviendo un periodo donde los clientes se dejan aconsejar muy poco por las agencias. Estamos perdiendo el papel de consultores. Antes éramos mucho más empresas que aconsejaban a los clientes. Y en cambio, ahora, solo somos una fuente de creatividad para las estrategias publicitarias que el cliente se marca. Por eso los directores de cuentas están perdiendo su territorio. Antes, los directores de cuentas eran publicitarios en el estricto sentido de la palabra. Sabían de todo y eran los consejeros. Ahora, esta función se está diluyendo. Y en todo esto, nosotros queremos seguir siendo asesores de publicidad y no solo productores de creatividad. Esto no significa que vivamos tiempos peores. El tiempo discurre, avanza y los clientes ahora están más estructurados y tienen más recursos humanos. Poseen departamentos de marketing que están más preparados. Sin embargo, creo que los clientes se deben dar cuenta de que el departamento de marketing es marketing y no publicidad. Ellos tienen sus problemas de marketing, y nosotros tenemos que solucionar sus problemas de comunicación, así que deben dejarse aconsejar un poco. Aunque entiendo que es difícil dejarse aconsejar cuando el mercado es tan importante. Es muy difícil que alguien se arriesgue a tener ni un solo error. Quieren abolir los errores y creo que esto es malo para ellos porque, sin un mínimo de riesgo, no se avanza. *Paco Segovia*

> Ese es el problema de la profesión. En los ochenta había una fe ciega en nosotros porque en esa época había un solo canal de televisión e invertías 80 millones y rápidamente te veía todo el mundo. Ahora no estamos en ese panorama y las inversiones no responden de ese modo. Confían en nosotros, pero siempre, y esto es una constante, todos los clientes al principio, buscan ser conocidos, caer bien al público,

el punto emocional que sería la gran creatividad y después, al mes y medio se han rajado y ya buscan la venta dura: que los números no responden, piden una promoción... Es decir, todos los clientes aspiran a la gran creatividad y luego se quedan en lo racional. *César García*

Una de las consecuencias de esta falta de criterio es el constante uso de herramientas que testan la creatividad publicitaria. Los clientes fuerzan a las agencias a que se les asegure la efectividad de sus propuestas y de este modo reducir riesgos (Flandin, Martin and Simkin, 1992: 203):

La presión de los clientes, quienes han comenzado a exigir evidencias a sus agencias de que la publicidad aumenta el conocimiento de sus productos y, por tanto, un aumento asociado de ventas y beneficios, está ahora forzando a muchas agencias a considerar la asignación de recursos para el desarrollo de medidas de efectividad.

Algo análogo ocurre desde los propios clientes que también testan los conceptos e ideas presentados por las agencias, una señal de la falta de confianza que desestabiliza a las agencias y al departamento creativo:

La sensación de riesgo, que se resume en que el cliente tiene un dinero que la agencia utiliza. Es muy fácil utilizar el dinero de otro. La agencia propone de modo arriesgado porque no se gasta ni un duro y al cliente le da miedo todo lo que le proponen porque todo el dinero sale de su bolsillo y hay que justificarlo. Si realmente se confiara en la experiencia, criterio, calidad de la agencia, no habría la necesidad de testar nada. En definitiva, si testan un anuncio es porque no confían. Hubo una época en que la agencia proponía y el cliente aceptaba. Una segunda época en que la agencia proponía y el cliente pedía más soluciones. La agencia seguía proponiendo y el cliente acababa decidiendo. Pero, con todo esto, lo que ocurrió es que la agencia cedió el criterio al cliente: fue una manera de dejarlo decidir. Cuando el cliente se dio cuenta de que le habían cedido el criterio y él no lo tenía, intentó buscar a alguien que se lo proporcionara, que es el consumidor. A partir de entonces se testa todo. De la agencia lo que quieren son ideas. Proponemos ideas, el cliente las escoge, las toma y deja que el consumidor elija la que le gusta. No confían en la agencia, sino en el consumidor. *Alex Ripollés*

La práctica del test, según de los Ángeles (1996: 47), es un recurso de valoración como elemento de apoyo. El problema es que los institutos contratados por las empresas intentan «mantener al cliente contento, olvidando a veces que el objetivo final buscado es mejorar la efectividad de la creatividad publicitaria (Law, 1986: 6)». Kover (1996), además, añade tres circunstancias de fondo por las que los creativos, y más concretamente los redactores publicitarios, rechazan la investigación sobre las ideas creativas en el test y el pos-test. La primera se refiere a la consideración que los creativos hacen sobre la publicidad, la cual es para ellos algo eminentemente humano y referido a las emociones y no a los números. La segunda va en consonancia con las líneas anteriormente explicadas, y así, sospechan que los resultados de las investigaciones responden a las necesidades que buscan el cliente o la propia agencia más que el consumidor. Finalmente, según Kover, los creativos dudan de la propia naturaleza de las técnicas usadas, pues las variables ambientales pueden deformar la verdadera realidad (Feldwick, 1998). Así, como afirma de los Ángeles (1996: 47), es en los departamentos creativos donde resulta más fácil encontrar «activos defensores de la *anti-evaluación*».

3.2. Burocracia en la decisiones

La segunda barrera que encuentran los creativos entre los clientes es el nivel de interlocución; es decir, el grado de decisión que posee el representante del cliente ante la agencia y que provoca la ausencia de resoluciones en la mayoría de los encuentros con los clientes. El representante del cliente debe trasladar los puntos de la reunión de la agencia a sus superiores y para Antonio Fernández esto provoca muchas veces una «pérdida de comprensión e información». Las quejas vienen centradas sobre todo en el momento de la presentación final de la campaña, donde los creativos y la agencia se sienten más o menos motivados según el grado del interlocutor a quien se enfrentan:

> Hay un grupo de clientes donde las agencias están presentando, y te da la sensación de que es un simple trámite: no toman la decisión, ni se van a implicar, ni su opinión tiene trascendencia dentro de la compañía. Sin embargo, hay personas claves, que a lo mejor no siempre son el director general de la compañía o el consejero delegado, sino son puestos de director de publicidad, pero sabes que ese señor va a mover algo, y sabes que esa presentación es importante. Evidentemente, me siento más cómodo con el que toma la decisión, para bien o para mal, porque sabes si eso va para delante o no. El problema es cuando estás presentando y permaneces en un mundo irreal. También, lo ideal, es presentarle a alguien que toma las decisiones, no solamente por la viabilidad de esa campaña, por sacarla adelante, sino porque ahí es donde uno recoge información de si quiere trabajar de nuevo y sabes a qué atenerte. Lo perjudicial de este trabajo, y ocurre muchas veces, es cuando no sabes por dónde va el rollo y por dónde va la compañía. *Nicolás Hollander*

Capon y Scammon (1979), Mondroski, Reid y Russell (1983) y Hirschman (1989) apuntaron que la burocracia en la toma de decisiones del cliente ha incrementado el temor a la hora de asumir riesgos en las campañas presentadas por la agencia. José Luis Esteo y Joan Texeidó también señalan esta consecuencia procedente del cliente:

> Van aprendiendo mucho sobre este oficio, sin embargo, hace veinte años eran clientes con pocos conocimientos, pero con mucha intuición y valentía. También quizá porque el que decidía solía ser el dueño de la compañía. Ahora hay mayor conocimiento, pero al haber escalafones tienen una capacidad de riesgo menor. Nadie se quiere arriesgar. Todos delegan y nunca toman decisiones. Y en este negocio, no debemos olvidarlo, hay que tomar decisiones.

> Recuerdo cuando empecé en publicidad, había una cosa muy buena que era que hablabas directamente con el dueño de la empresa. Sabías que él tenía la ilusión y la necesidad de que la publicidad triunfase, de que funcionase, porque le iba el negocio en ello. Después empezamos a hablar con directores generales, directores de marketing y empezó a haber una cosa peligrosísima: de la ilusión de éxito se pasó al miedo al fracaso. «No me puedo equivocar» significaba buscar decisiones de consenso. El éxito está en intentar acertar y cuando vas a empatar, al final, empatas o pierdes, pocas veces ganas. Ahora la gente tiene más formación, incluso en nuestra profesión. Hace unos años, la publicidad era de unos vividores que iban con fular y el pelo largo y tenían las ideas en la ducha. Ahora puedes tenerlas allí, pero la cosa es mucho más seria. El anunciante se ha profesionalizado terriblemente. (...) Creo que antes había gente que iba a buscar una agencia, y lo que hacía era depositar su confianza en la agencia, porque sabía que esa gente sabía más que él. Yo he tenido clientes, y los sigo teniendo, que acaban diciendo que sí a un proyecto que no ven claro, pero cada vez se da menos. Cada vez los mercados se han nutrido más de armas, que son los estudios de investigación, pretest, postest, incluso tests sofisticadísimos de las agencias de marketing. Tú vas a presentar la campaña y entonces opina el *assistant* del *brand manager*, y el *product manager* opina sobre la campaña y sobre lo que ha opinado el *assistant* del *brand manager*, y luego el *product manager* dice que... Se juntan tantos comentarios que lo que provocan es que se frene el proceso.

Es verdad que una relación donde el cliente ve a la agencia como un proveedor está asentada sobre la falta de confianza. Consecuentemente, los clientes acuden a los tests para buscar seguridad y garantía. Desde luego, tales herramientas no están reñidas con el trabajo creativo. Sin embargo, no se debe olvidar que un buen cliente es aquel quien en un momento dado, asume riesgos y apuesta por la creatividad. Una apuesta que debe ir acompañada por un plan estratégico a largo plazo y sin las premisas de beneficios a corto plazo. En este contexto, parece claro que asentar una relación de confianza y participación en unos mismos fines reducirían la burocracia en la toma de decisiones y ayudaría a potenciar la creatividad.

4. Presupuesto y plazo de entrega

Para Fletcher (1999b: 91) los condicionantes de dinero y tiempo deben estar presentes desde el inicio del proceso y son una información primordial para los creativos. La imposición de ciertos límites, como son el dinero y el tiempo, representan una ayuda para el proceso de creación, aunque parezca contradictorio. Tales elementos, apunta Fletcher, ayudarán a motivar al creativo siempre que vea razonables y realistas las condiciones impuestas por el cliente, y para ilustrar su posición el autor acude a las palabras del productor cinematográfico David Puttnam:

> La libertad fundamental para la gente creativa es permitirles trabajar dentro de unos límites específicos y convenidos, límites que entiendan y agradezcan.

A la hora de iniciar el proceso de creación de un concepto, el dato del presupuesto es vital para el departamento creativo. Si en los anteriores apartados se comprobó la importancia de conocer muy a fondo al cliente y sus problemas, el dato de la cantidad económica empleada para la producción y los medios facilitan el proceso de creación. Es uno de los cimientos en los que se sustenta la potencial idea creativa surgida durante el proceso (McNamara, 1990; White, 1997; Joannis, 1996).

Los profesionales están de acuerdo en que el presupuesto es un dato primordial para iniciar el proceso de creación de una idea. Incluso, la restricción económica se convierte en una motivación para poder construir una excelente idea creativa:

> Hombre, yo creo que en general, este tipo de limitaciones como la del presupuesto, ayudan. A pesar de que pueda parecer una paradoja, no hay peor mal trago que cuando te dicen: «Oye, libertad absoluta». ¿Cómo que libertad absoluta? Una de las cosas que me gustan de este oficio es que se trata de buscar soluciones a problemas. Entonces, yo quiero que haya un problema, y que esté bien definido. Entonces me parece que es una de las partes difíciles de nuestro trabajo, y que ahí el cliente es decisivo. Cuando digo problema no me refiero siempre a algo negativo, sino que quiero llegar hasta este punto y tengo estas condiciones, cómo lo hago, cuál es el camino más rápido. *Toni Segarra*

> En general, yo soy partidario de que el presupuesto sea un tema conocido porque es un elemento que ayuda buscar soluciones. Si tenemos un presupuesto muy pequeño es un reto lograr concebir una idea muy grande. El presupuesto es un dato de la realidad que ayuda. *Enrique González*

Nicolás Hollander diferencia entre los clientes con grandes presupuestos y las cuentas con menor poder económico. Para este creativo, en el caso de los clientes pequeños, el dato del presupuesto es fundamental; mientras que con los grandes clientes siempre cabe la posibilidad de negociar si se ha encontrado una gran idea fuera de presupuesto:

> Normalmente, yo creo que en la cabeza tienes bastante claro de qué estás hablando con cada cliente, sobre todo, cuando son clientes para los que trabajas habitualmente. Con los grandes no creo que sea tan importante. Yo creo que es más importante una idea buena y pelearse por meterse en la producción que al revés.

A veces, como señalaba Hirschman (1989: 49), el creativo vende una idea creativa cuya materialización se sale del presupuesto establecido por el cliente, y es aquí donde entra la figura del productor para hacer reflexionar a las partes implicadas:

> Afortunadamente, no he tenido muchos casos donde la gente no escuche. Aunque sucede... En ese punto, el director debe ir al jefe de producción o al presidente de la agencia y decir: «Tus chicos no pueden hacer esto. No quedará bien. No podemos mentir a los clientes». Eso es una decisión creativa; el productor debe decidir si el (anuncio) todavía merece hacerlo (si no hay) suficiente dinero para hacerlo correctamente. No haces muchos amigos con estas posturas.

Respecto a la relación del tamaño del presupuesto con el nivel de la creatividad, los directores creativos no se ponen de acuerdo. Se han detectado dos escuelas de trabajo o dos escuelas de pensamiento sobre la creatividad publicitaria referente a este aspecto. Unas posturas que en muchas ocasiones surgen durante las entrevistas a creativos en revistas especializadas del sector. Hay creativos que no conciben una buena idea sin una alta producción y por lo tanto más inversión económica. Por otra parte, muchos creativos apuestan por ideas excelentes aunque la producción no sea tan desorbitante. Las palabras de Toni Segarra –que apuesta actualmente por la primera postura– explican la presente dicotomía:

> Hace cinco años te hubiera dicho: «No, mira, lo importante es la buena idea, y luego el presupuesto ya se ajustará». Si tienes una buena idea, pero no tienes el dinero para producirla o el dinero para enseñarla, es como si no tuvieras nada. Nosotros hemos tenido multitud de buenas ideas que no han tenido ningún éxito por culpa de no haber tenido en cuenta que no había presupuesto para producirlas. Me parece clave. Es un factor decisivo a la hora de construir la idea.

«Uno de los mayores problemas a los que los clientes y las agencias se enfrentan en la creación, producción y ubicación de publicidad es conceder tiempo con antelación para que el trabajo sea completado», señala Salz (1988: 84), quien en su trabajo, orientado desde la perspectiva del cliente, apunta que el tiempo razonable para la creación de la idea publicitaria es de «dos a tres semanas». La autora, al igual que el estudio de Poltrack (1991), está de acuerdo en que las primeras ideas, surgidas de modo súbito, no son siempre las mejores y hay que revisarlas para mejorarlas. Salz (1988: 84) no duda en animar al cliente a que la agencia no se quede con la primeras ideas instantáneas, aunque se reduzca el plazo de entrega y la presión ayude a los creativos:

> Incluso aunque la presión del tiempo ayuda a que la corriente creativa fluya, y la gente creativa pueda en ocasiones surgir con excelente publicidad de modo rápido, tú nunca conseguirás la mejor publicidad de tu agencia si pides ideas instantáneas. Incluso si la gente creativa tiene una idea rápida, ella no puede ser la mejor; pensar más sobre ella podría mejorarla.

Hay poca investigación que centre su atención sobre los plazos para crear una idea creativa. Tanto en la psicología como en la publicidad se repite una y otra vez que las ideas surgen de modo casi inesperado y en cualquier sitio durante el período de incubación. En el entorno anglosajón, como repara Salz, queda estipulado un tiempo de dos a tres semanas para encontrar la solución al problema creativo. Sin embargo, en España las situación es distinta:

> Hace poco estuve en un seminario en donde el director creativo de *Euro RSCG* Londres dijo que para hacer una buena campaña es necesario disponer de entre tres a cinco semanas Lo dijo como un número mágico, como el período necesario para poder empezar a tener ideas, agotarse y guardarlas para después desarrollar una buena campaña. A mí, muchas veces, me gustaría tener cinco días. *Alex Ripollés*

> Uno siempre sueña con plazos de cuarenta y cinco días en plan americano, pero aquí nos dan plazos que nada tienen que ver con los americanos. *Toni Segarra.*

> Cada vez es peor. Hay cada vez menos clientes comprensivos y también es un defecto de toda la estructura de la agencia donde incluso no se dice al cliente que no se va a llegar a una fecha. Muchas veces se comete el error de no intentar conseguir algún día más para entregar una buena campaña. De todos modos, los *timings* son cortos, y hay un tiempo concreto para que salga la campaña, para mí en torno a una semana. También con plazos de un mes, se produce el efecto de trabajar sólo los últimos quince días. Lo que está claro es que no se puede hacer una campaña en cuarenta y ocho horas. Saldrá, pero no saldrá bien. *Antonio Fernández*

> El día a día es muy acelerado. Te pasan el *briefing* y todo se pide para YA. Vemos que los creativos se quejan o nos quejamos porque los tiempos suelen ser su-

rrealistas, ilógicos. Se toman decisiones muy importantes y casi no hay tiempo de argumentar ni de reflexionar. Casi no presentas, sino que enseñas. Yo sigo creyendo que el gran problema de nuestro oficio es que hay una dosis de subjetividad absoluta y que todo el mundo se entiende legitimado para decidir utilizando como base sus creencias y gustos personales. *Joan Texeidó*

Las palabras de Ripollés, Segarra, Fernández y Texeidó demuestran que en los departamentos creativos de las agencias son conscientes de que el tiempo forma parte indispensable de creatividad con calidad:

El tiempo es fundamental para la creatividad. A mí me dicen que tengo un mes para la campaña y firmo donde sea. Para cualquier campaña el tiempo es primordial. *César García*

A pesar de ello, surgen dos contradicciones. La primera, en parte, quedaba patente en las palabras de Salz al confirmar que la presión provoca mayor fluidez de ideas. No obstante deja claro la importancia de unos plazos razonables. La segunda viene unida a la propia idiosincrasia del creativo español y su dificultad para trabajar con plazos largos:

Aunque esto no creo que sea bueno, me temo que el carácter del creativo español no es propenso a la reflexión y a la concentración. Me temo que somos mucho más buenos en lo rápido, en lo improvisado, porque nos hemos educado en ello, pero mi experiencia personal me dice que los procesos largos, o se utilizan, o no sirven para nada. Normalmente no se utilizan. Los procesos cortos también son malos. Yo creo que hay un término medio, yo diría que el término medio ideal para un proceso de creación son tres semanas o un mes. Pero bueno, a veces te salen en dos semanas o a veces no te salen en un mes. Pero yo creo que viene de nuestra idiosincrasia nacional, pienso que no somos propensos a la reflexión: nos cuesta mucho, somos mucho más caóticos, más desordenados. Quizá lo seamos más aquí, por ejemplo, pero creo que es nacional. *Toni Segarra*

Uno siempre sueña con plazos de cuarenta y cinco días, en plan americano, pero aquí se nos dan plazos razonables. Yo creo que siempre se han criticado aquí los plazos de poco tiempo, y eso ha hecho que nos acostumbremos a trabajar de una determinada manera. Yo me doy cuenta de que siempre, al final, tenemos tiempo. Pero si tienes un mes, los primeros quince días te los tomas con mucha calma y las últimas semanas le pegas un empujón bestial y finalmente, estás agobiado. Yo creo que el agobio es positivo. No significa que siempre sea bueno mantener esa sensación. Con tiempo se trabaja de otra manera, quien está acostumbrado a eso no puede trabajar bajo presión. Pero creo que el mercado trabaja con tiempos muy limitados, y nos he-

mos acostumbrado a trabajar así. Hace años, quince días era un verdadero inconveniente. Ahora quince días son un plazo perfecto para una campaña. Una semana es
razonable, hoy por hoy. También depende de los trabajos. *Nicolás Hollander*

La percepción general es de cierto desasosiego ante la situación de los plazos
ajustados de tiempo en el mercado español. Aunque se asienta que la presión ayuda a la creatividad, que la idiosincrasia del creativo español haga desaprovechar
los *timing* largos, en el fondo la profesión reflexiona con preocupación ante este
factor. Por una parte, hay una tesis donde se advierte de la dificultad de lograr
mejores plazos por cuestiones de mercado y modos de actuación del cliente, como
advierten Antonio Fernández y José Luis Esteo:

> Cuando viene un cliente que tiene un problema y te dice que debe resolverlo
> pasado mañana porque el mercado lo demanda, tú puedes decirle que es imposible.
> Quizá, el cliente se larga a la agencia de al lado y dicen que sí. Al final no tienes más
> remedio que aceptar. La solución es complicada, sobre todo en este país.

> Es complicado. Nunca sé si me van a hacer una llamada diciéndome que nece-
> sitan algo para mañana: es el caos.

Una segunda línea intenta arreglar la situación a través de la contratación de
más personal, aunque la estructura del mercado hace que no todas las agencias
estén en situación de aplicar tales medidas:

> La solución es tener más gente en menos proyectos. Es más caro para la agen-
> cia, pero es más rentable para todos nosotros y para la creatividad. *Paco Segovia*

Una relación estrecha con el cliente, una relación donde ambas partes compartan un mismo objetivo e interés, una relación de confianza, con decisiones
claras, directas, arriesgadas y con plazos razonables de trabajo, ayudan a que la
creatividad fluya dentro de la agencia. Claves o principios de sentido común, pero
a veces difíciles de trasladar a día a día del trabajo entre la agencia y el cliente.

> Que tome riesgos, que le guste la publicidad y de nuevo, que tome las decisio-
> nes. Hay casos donde encuentras clientes que tienen todas estas virtudes. Curiosa-
> mente, cuando esto sucede, es cuando mejor funcionan las cosas. Saben reconocer
> una campaña y, por supuesto, tienen cultura publicitaria. Creo que las grandes cam-
> pañas se dan porque hay un gran anunciante capaz de tomar decisiones y riesgos.
> *Nicolás Hollander*

B.
LA GESTIÓN HUMANA DEL DEPARTAMENTO CREATIVO

«Las personas determinan la calidad del producto y el producto determina la calidad de los beneficios. No es asombroso que todas las cosas comiencen con la gente». Las palabras de McNamara (1990: 40) hacen suponer que cualquier medida que afecte al entorno humano del departamento creativo afectará a la calidad del producto creativo y repercutirá en los beneficios de la agencia.

Los investigadores, a la hora de afrontar el estudio del departamento creativo y las personas que trabajan en él, principalmente se han centrado en tres áreas:

1. Características personales de los creativos.
2. La organización del departamento creativo.
3. La gestión.

Sobre el primer punto hay multitud de estudios que intentan definir las características del sujeto creativo en la publicidad[1]. Respecto al segundo campo, la bibliografía que más se acerca al estudio del departamento se encuentra en los manuales de creatividad, como por ejemplo, el editado por White (1997). En general se explica, de modo descriptivo, la estructura de la agencia, la organización del departamento creativo, las funciones de cada uno de los integrantes y las actividades que se llevan a cabo. Dentro de la tercera línea del estudio del

---

1. Politz, 1975; Auer, 1976; Vanden Berg, 1984; Walston, 1990; Fletcher, 1990; de los Ángeles, 1996; Otnes, Spooner y Triese, 1993; Otnes, Oviatt y Treise, 1995; Kendrick, Slayden y Broyles, 1996; Robbs, 1996; Reid, 1997; Wicks, Smith y Vanden Bergh, 1986; Young, 2000.

departamento creativo, aparece una extensa literatura donde se abordan cuestiones de dirección y gestión de los departamentos creativos. Trabajos desarrollados por autores como de los Ángeles (1996), Fletcher (1990, 1994, 1999), Meiklejohn (1997), McNamara (1990) aportan una serie de líneas de actuación para lograr que la dirección creativa impulse a los núcleos creativos y, de este modo, se mejore la creatividad dentro de las agencias. También, se debe resaltar que las prácticas de gestión sobre el departamento creativo son vitales para modelar no solo al individuo sino para diseñar la atmósfera de trabajo: un factor determinante y esencial de la creatividad (Wintringham, 1971; Amabile, 1988, 1988b; 1998; Williams and Yang, 1999).

Por ejemplo, según Wintringham (1971: 351), los gestores pueden caer en muchas trampas al dirigir a los sujetos creativos y a la vez intentar establecer un clima creativo. En algunas de ellas tropiezan a sabiendas, en otras incurren por negligencia o ineptitud. Si bien pueden parecer obvias, muchos autores del campo de la publicidad han tratado de enumerar algunas de las actitudes de los directores que afectan al trabajo de los sujetos creativos y moldean el clima del departamento.

De los Ángeles (1996: 133) define la actividad directiva como una labor «orientada a obtener el máximo rendimiento de las capacidades creativas que estos *ya poseen*». Al realizar el trabajo de gestión, el autor establece una serie de campos de actuación para tener en cuenta: autonomía y libertad; motivación y reconocimiento; y exigencia de resultados.

La libertad de ideación es, según el autor, «la puerta de acceso a la infinita variedad de soluciones creativas que el intelecto humano es capaz de producir, con el único límite del exigido por el servicio a los intereses del anunciante y el respeto debido a los demás, servidumbre social que encauza el ejercicio de cualquier forma de libertad» (1996: 133). El gestor debe hacer posible el disfrute de esa libertad y garantizar la autonomía necesaria para la ideación creativa. Sin embargo, el autor detecta una serie de modos que llegan a limitar la libertad del creativo.

La principal –y que más resalta (1996: 134)– es la «falta de confianza en la capacidad de ideación de la persona»; de este modo se intenta moldear el trabajo del individuo según reglas y métodos que «supuestamente garantizan la creatividad». Otros modos de coartar la libertad, que derivan de la falta de confianza, es el exceso de interferencias y control de los directores con la pretensión de «ajustar los resultados, soluciones o modos de hacer, a su forma peculiar de trabajar, o a su experiencia en la resolución de cuestiones similares» (1996: 135).

Además de esta primera pauta, de los Ángeles señala que el creativo necesita motivación, reconocimiento y exigencia de resultados para mejorar la calidad de su trabajo creativo. Principalmente, el gestor debe dilucidar cuáles son las razones que llevan al trabajador creativo a laborar, al tiempo que debe intentar despertar una sensibilidad capaz de «captar y perseguir los motivos más sublimes del obrar humano» (1996: 136). Para el autor, estas razones son principalmente dos: el deseo del sujeto creativo de acabar el trabajo con perfección –unido al placer de contemplar la obra terminada– y una remuneración económica justa. También para impulsar la motivación del sujeto creativo, de los Ángeles aconseja al gestor que reconozca –y no solo de modo económico– el trabajo desarrollado por sus trabajadores, que sepa escuchar, comprender y animar, a la par de realizar críticas constructivas a los trabajos y que proporcione los medios físicos necesarios para desarrollar la tarea.

Respecto al última línea de actuación, la exigencia de resultados, el gestor debe exigir el logro de resultados, pues la labor creativa demanda «producción de creatividad» (1996: 141). El director estará atento a comprobar si se alcanzan tales metas y ello implica que exigir supone conocer «qué se quiere conseguir y quién lo ha de hacer», a la vez de un «esfuerzo de valoración continuo».

Como se puede comprobar, de los Ángeles describe de modo general una serie de actuaciones para estimular la creatividad de los sujetos que trabajan en el departamento creativo y que se aplicarían a la perfección en otras organizaciones. Por otra parte, Fletcher (1990, 1994), McNamara (1990) y Meiklejohn (1997) aportan un listado más detallado de normas concretas de actuación derivadas de sus experiencias personales en la profesión publicitaria.

Fletcher

1. Absorba los riesgos de los creativos.
2. Intente dar libertad pues es donde mejor trabajan.
3. Sea adecuado con las ideas a mitad de desarrollo. Los creativos deben tener confianza al ver que su director entiende y aprecia las primeras ideas.
4. No explique largamente o se explaye en los errores. Los errores son una parte inherente en el proceso creativo y para los creativos la frase «yo te lo dije» es una mala frase.
5. Sea un buen oyente. Los creativos adoran hablar sobre sus trabajos, y los gerentes deben aprender a adorar escuchar.
6. Proporcione mucha comunicación a lo largo del proceso pues desde el inicio los creativos buscan la evaluación de su trabajo.
7. Acepte las manías triviales de los creativos, las cuales no son las mismas en cada uno.
8. Defiéndalos contra atacantes, pues los creativos están expuestos a injustificada crítica.

9. Alabe lo digno de elogio.

10. No exagere sus alabanzas pues puede depreciar su valor.

McNamara

1. Busque constantemente excelencia en los productos que realiza la agencia.

2. Sea desinteresado.

3. Sea un vendedor eficaz.

4. El director creativo es creativo en propio derecho. Él puede continuar, si se necesita, desmostrando su capacidad de crear.

5. Proporcione dirección. Trabaje con la gente creativa para ayudarle a mejorar sus producto.

6. Sea un adicto al trabajo. Sea obsesivo para atender a sus creativos y al trabajo que producen.

7. Sea un entrenador. Puede enseñar no solo con el ejemplo, sino a través de la instrucción.

Meiklejohn

1. Dicte algunas reglas. La dirección clara y específica de un proyecto se debe proporcionar en forma de un buen *briefing* con condiciones tales como presupuestos y calendarios.

2. Es vital proporcionar comunicación y diálogo.

3. Sea objetivo y cerciórese de que sus juicios son expertos y considerados. No permita a los clientes forzarle con amenazas para realizar un trabajo conservador o inadecuado.

4. No sea indulgente o suave con la gente creativa. Recuérdelo, ellos desearán dirección.

5. Tendrá que ganarse el respeto y confianza y demostrar integridad.

6. Un estilo de dirección abierto y democrático es el mejor, pero esté preparado para tomar decisiones duras.

7. Aprenda cómo manejar el rechazo del cliente y mantener a los creativos motivados.

8. Proporcione un ambiente físico donde sea posible el buen trabajo.

9. Un cierto grado de tensión puede ser provechoso. Tanto los directores como los creativos se necesitan los unos a los otros y una buena relación profesional en el trabajo es la llave al éxito de las agencias.

10. Los directivos y los creativos reconocen las diferencias en estilo pero también reconocen que las diferencias no son importantes y pueden ser a favor.

11. Los apuntes sugeridos lograrán recompensas, pero por supuesto las mejores relaciones se desarrollan en un cierto plazo de tiempo.

En estas *recetas* de gestión del entorno creativo se aprecia que un alto número de sus consignas coinciden o entran dentro de los tres grupos de pautas apuntados por de los Ángeles. Si observamos, como ejemplo, los puntos establecidos por Fletcher, se advierte que al aconsejar que el director creativo sea un buen oyente (3), proporcione comunicación (4), alabe lo elogiable (7) se está alentando las líneas de actuación sobre motivación y reconocimiento a las que se refirió de los Ángeles.

Teniendo como premisa lo explicado, cabe admitir que la gestión dentro del departamento creativo va dirigida a establecer un ambiente para la creatividad donde primen los valores humanos de la persona; pues como se dijo al principio del capítulo, son las personas las que «determinan la calidad del producto». No obstante, y aunque la gerencia creativa principalmente fije su atención sobre la persona, existen componentes externos que influyen en el desarrollo de la actividad, como se ha observado cuando se ha hablado del presupuesto y la presión de los plazos de tiempo y otros que se verán en el último capítulo.

En el departamento creativo de una agencia de publicidad existen tres campos fundamentales que afectan al producto final. Tres factores de relevante importancia, que se han avanzado de forma sucinta en la presente introducción, y que cualquier director debe manejar con sumo cuidado: la relación del núcleo principal del departamento (la pareja creativa), los conflictos que surgen durante el trabajo diario, los bloqueos creativos y las motivaciones que llevan al sujeto creativo a sacar hacia adelante sus trabajos.

La gestión acertada de estos tres parámetros influirán en el clima del departamento y por supuesto sobre la calidad creativa de los productos. Muchos de los consejos coincidirán en algunos casos con los descritos en la presente introducción.

1. Formación de las duplas creativas: la «abrasión creativa»

William Bernbach, en los años sesenta, realizó uno de los «últimos y más duraderos avances» en la organización del proceso de creación publicitaria (Young, 2000: 20). El famoso creativo instituyó los equipos creativos formados por un redactor publicitario y un director de arte. Previamente, ambas funciones habían pertenecido a departamentos separados dentro de la agencia y a menudo, como apuntan Kover and Goldberg (1995:10), estaban «en conflicto por cuestiones de recursos y atención».

Este cambio supuso un radical avance dentro de las agencias de publicidad y revolucionó la calidad del trabajo creativo, ya que la colaboración de diferentes talentos creativos daba «claramente la llave del poder para la creación publici-taria» (2000: 20). La idea de Bernbach funcionó brillantemente para aunar los esfuerzos de los creativos.

Aun con todo, el progreso de ligar en un mismo equipo a un redactor con un director de arte para que proporcionen compañerismo y validación consensual al trabajo, ha despertado poca investigación para explicar por qué este cambio en la organización ha influido de forma tan dramática en la creación publicitaria (Young, 2000).

Al parecer, los directores de arte y redactores publicitarios obviamente po-seen diferentes sensibilidades artísticas ante el proceso de creación publicitaria. Según Young (2000: 20), el teórico en comunicación Abraham Moles (1968) usó el marco conceptual de la *Teoría de la Información* para describir cómo, teóricamente, hay diversos tipos de información presentes en objetos estéticos. Según el investigador en comunicación, el refrán que dice que una imagen es equivalente a mil palabras es fundamentalmente incorrecto. –Hay información contenida en una imagen que no puede ser traducida en todas las palabras, y viceversa–.

Así, por lo tanto, la capacidad para procesar o manipular fácilmente infor-mación verbal, con respecto a la información visual, es claramente lo que distin-gue a un redactor con un director de arte. En otras palabras, los redactores y los directores de arte procesan diferente tipo de información y por tanto «ven» el mundo de forma distinta.

Aunque se esperan ciertos estándares de conducta diferenciada por parte del redactor y el director de arte, hay autores como White (1997: 13) que difieren en cierto grado de tales roles. De hecho, coincide en que los creativos se unen en pa-rejas que conforman un equipo. Sin embargo, los campos de conocimiento varían sobre los presentados en la teoría y así, por ejemplo, según el autor, cabe la posi-bilidad de que el redactor posea una sensibilidad visual, y viceversa:

> Generalmente, los creativos vienen en pares (equipos); un artista –un pensa-dor visual– y un escritor; aunque el artista (director de arte) puede no ser muy bueno en el dibujo, y el redactor puede a menudo ser altamente visual así como saber razo-nablemente leer y escribir.

Para Kover y Goldberg (1995: 10) una de las causas por las que se entremez-clan las sensibilidades entre los dos ejes de la pareja se debe a la llegada de un medio tan visual como el de la televisión:

> La sustitución del medio impreso por la televisión, como medio dominante, ha erosionado las diferencias entre los redactores publicitarios y los directores de arte.

Los apuntes en torno a la pareja creativa, a sus mismas o diferentes sensibilidades, lleva a preguntarse cómo se diseña el núcleo primario del departamento creativo: ¿qué persiguen los directores creativos?, ¿qué parámetros manejan a la hora de unir un redactor publicitario con un diseñador de arte para construir un equipo competitivo?

Desgraciadamente, existen pocos estudios sobre esta realidad en la investigación académica, salvo en el contexto de la gestión de equipos en las organizaciones empresariales. Así, por ejemplo, en palabras de Katzenbach y Smith (1993: 112) un equipo es un número de personas pequeño «con habilidades complementarias destinadas a un propósito común» y que se aproxima a ellas «con mutua responsabilidad». En su investigación, al igual que ocurría con los autores de la introducción a este capítulo, describe una serie de reglas para construir equipos eficientes (1993: 118 y 119). De ellas, solo resalta aquella que se refiere a cómo juntarlos. El resto son reglas de gestión similares a las avanzadas. Para Katzenbach y Smith (1993: 118), a la hora de seleccionar a los miembros del equipo, se debe contratar a gente con habilidad, con conocimientos y no fijarse en la personalidad:

> Seleccione miembros con potencial habilidad, no personalidad. Ningún equipo tendrá éxito sin todas las habilidades necesarias para resolver sus propósitos y objetivos. El director inteligente elegirá a gente por sus habilidades existentes y su potencial de mejorarlas y de aprender nuevas.

En el artículo de Leornard y Strauss (1997: 112) se señala que para promover la innovación creativa dentro de la organización y así obtener buenos resultados, el director debe descubrir un modo en que los diferentes enfoques rocen entre sí en un proceso fructífero, al que denominan «abrasión creativa». Los directores, con interés por promover una atmósfera adecuada para la creatividad, deben ser conscientes de que cada persona tiene un estilo de razonar diferente: analítico o intuitivo, conceptual o experimental, socializante o independiente, basado en la lógica o en los valores. Así, establecen deliberadamente una gama de actuaciones –tanto si se trata de un grupo, un equipo de trabajo o toda una empresa– para promover la abrasión creativa pero siempre entendiendo que cada persona debe respetar el estilo de razonar de los demás, aunque sea diferente al suyo.

También los directores, tras crear núcleos de trabajo con estas características para fomentar la creatividad, deben examinar lo que ellos mismos están haciendo al respecto para favorecer o inhibir la abrasión creativa.

En el caso de la agencia de publicidad, los profesionales no demostraron demasiado interés en la formación de aquellas personas que inician su carrera en los departamentos creativos. –Por supuesto, daban por hecho que gente llegada de universidades, escuelas, etc., cumplían con los requisitos básicos–. Los directores creativos se interesaban por el talento; y en contra de Katzenbach y Smith, la personalidad se erigie como un requisito indispensable: encontrar profesionales con valores personales positivos, sin tendencia a los conflictos y de fácil trato aumenta las posibilidades de lograr parejas creativas óptimas:

> Mi criterio fundamental es el carácter de las personas. Prefiero a alguien que sea buena persona antes que a excelentes creativos conflictivos. Me parece fundamental que la gente se pueda llevar bien y que el entorno sea competitivo, pero dentro de un marco de amistad. Sé que hay por ahí agencias donde se fomenta la rivalidad. No me parece un buen camino. Luego busco las características de un buen creativo: ser capaz de desarrollar un buen trabajo. Sin embargo, no antepongo su calidad de trabajo creativo a cómo sea su personalidad, sino todo lo contrario. A mí no me sirve de nada un maravilloso creativo que se lleve mal con todo el mundo, porque puede desestabilizar el departamento creativo y no me gusta. *Paco Segovia*

> Cuando seleccionamos un *junior*, un arte o un *copy*, primero tiene que ser un buen tío. A nivel de trabajo, una persona que haga su trabajo pensando. Por ejemplo, un diseñador. Que diseñe bien, pero que también piense: que no sea diseño por diseño, sino que intente buscar la vuelta a todo. Para los *copys*, igual. Aparte de escribir muy bien, que busquen siempre algo más. En el momento de unirlos, lo importante es entenderse. Son como un matrimonio. Es un trabajo con tu pareja, y acabas con una relación muy íntima. Son muchas horas juntos, sufriendo, disfrutando... Y si no acaban de encajar, se liman las asperezas, porque el objetivo al final es común. *Fernando Macía*

> Después de seleccionar el currículum y ver sus carpetas, sus trabajos, llega la tercera parte: el contacto directo. Intentar ver si esta persona está abierta a aprender. Si es una persona que tiene talento pero tiene cierto engreimiento, la descarto. Si por el contrario, la persona tiene una actitud constructiva y encima un trabajo interesante, la contrato. Todo esto es más una cuestión de olfato que de otra cosa. (...) Lo que no queremos es simplemente gente que venga a aprender nuestros clips y a repetirlos, eso no nos interesa. Necesitamos gente con otra visión. (...) Yo estoy buscando a gente que sea diferente. Que sea capaz de enganchar contigo, porque ha sido capaz de seducirte, porque lo ha hecho de una manera diferente. Al final, es como un anuncio en televisión: ves cien y hay sólo uno que te llama la atención. Resumiendo: busco la actitud y el ser diferente. *José Luis Esteo*

> Nosotros contratamos por olfato, como todo el mundo. En publicidad es difícil hacerlo de otro modo. Pero aunque sea subconsciente, buscamos un tipo de persona

determinado. Sobre todo porque buscamos personas con talento, o que lo parezcan, pero también al final hay un tipo de personalidad o de carácter que nos parece mejor para el entorno. Al margen de eso tenemos una inercia muy poderosa de diez años. El equipo básico de esta agencia lleva trabajando junto unos diez años. Y entonces lo que sí se produce es una rápida instalación en la inercia, o una rápida salida de la inercia. Es decir, lo que la agencia no permite son situaciones complementarias. Entonces, la gente se integra, o no se integra. Entonces, lo que hace la inercia del departamento es que la gente se sienta cómoda en la agencia o no. Hay gente que se siente muy incómoda en un tipo de entorno como este. *Toni Segarra*

Por otra parte, la investigadora Teresa Amabile (1998) reserva un apartado de su investigación a la formación de equipos creativos. La psicóloga aboga, como valor esencial, por un conjunto de personas con diferentes bases intelectuales y enfoque de trabajo; es decir, diferentes conocimientos prácticos y diferentes estilos de pensamiento creativo. Según Amabile (1998: 82) dicha configuración de estilos potencia las ideas y se suele lograr que se combinen de manera más «útil y estimulante».

No obstante, la diversidad es solo un punto de partida. Los integrantes del equipo deben cumplir otras tres características (1998: 83). La primera es compartir el entusiasmo por la meta u objetivo que emprende el equipo. En segundo lugar, los miembros deben mostrar una disposición a ayudar a sus compañeros en aquellos períodos de dificultad y contratiempo. Finalmente, los compañeros deben reconocer el conocimiento y los puntos de vista singulares que cada uno de los otros componentes del equipo proponen. Por supuesto, Amabile reconoce la dificultad de alcanzar la construcción de equipos con dichas características (1998: 83):

> Reunir un equipo con la «química» adecuada –sencillamente, el nivel adecuado de diversidad y mutuo apoyo entre sus componentes– puede resultar difícil, pero nuestra investigación ha demostrado lo provechoso que puede resultar.

En el caso del departamento creativo, los profesionales comparten la visión de Amabile y el concepto de *abrasión creativa* apuntado por Leonard y Strauss (1997). La diversidad con un grado de complementariedad entre las personas del equipo es un factor básico: unir introvertidos con extrovertidos, por ejemplo. Así, parece primar un equilibrio en las características personales a la hora de formar el equipo:

> Depende un poco de lo que encuentre. Si a lo mejor hay un redactor muy tímido y callado, sería interesante ponerle con alguien que no lo sea, y compensar. Por

otro lado, también piensas: «Si ese tiene demasiado desparpajo igual lo que hace es eclipsar al otro». *Alex Ripollés*

Busco un equilibrio de personalidades. Hay veces que estableces una pareja y las cosas no salen. Ves que alguno, por personalidad, es más extrovertido, le resulta más fácil presentar una idea, normalmente coincide con el que tira ideas al aire, y hay otro que es más reflexivo, que es el que más compensa y coge las ideas que merecen la pena. Esa es la mezcla importante en la pareja. Los equipos buenos suelen tener uno más extrovertido, más social, más natural y otro más trabajador, más de mesa, más organizado. Esto es lo que busco, una complementariedad en la pareja, hay que compensar. Así, si pones un equipo con dos personas muy protagonistas, chocan. Y si pones un equipo con dos profesionales parados, el equipo no crea. *César García*

Los directores creativos se alejan de la tentación de establecer grupos donde sus miembros reúnan perfiles homogéneos de pensamiento. Estos grupos, como coincide Amabile (1998: 83), alcanzan soluciones más rápidas pues son menores las fricciones a lo largo del proceso. Sin embargo, todo el mundo se sienta a la mesa «con una disposición mental similar» y se levanta «con la misma»; por lo tanto, la creatividad sale perjudicada. Bernbach creó la pareja creativa para enriquecer la diferencia de perspectivas. Como afirma Young (2000: 25), el avance de Bernbach fue que los redactores y directores de arte trabajaran juntos para compartir sus diferentes formas y distintas visiones de la publicidad. Pues el proceso de generar un diálogo creativo requiere una «colaboración sobre el desacuerdo o divergencia de opiniones». Sin embargo, la complementaridad de los miembros del equipo es fundamental no solo para potenciar la ideación, sino también por la cantidad de tiempo que pasan juntos. El trabajo creativo es duro y las jornadas son largas e intensas.

Se trata de rodearte de una gente con la que te sientes cómodo, con unos mismos intereses, que les guste la publicidad tanto como a ti, que tengan el mismo afán de mejorar y de no conformarse, que si es posible, dejen el ego aparcado en el garaje antes de entrar en la agencia. *Alex Ripollés*

Aún así hay ocasiones donde la pareja no funciona, y se debe buscar una salida lo menos traumática posible, como reconoce Nicolás Hollander:

Si un equipo no funciona, en esta agencia existe la posibilidad, por la cantidad de gente que hay, de cambiar. Es exactamente igual que en el matrimonio, no es que uno tenga la culpa, sino que algo falla en ambos. Hay que buscarle una salida, y que esta sea lo menos traumática posible.

A veces los supervisores creativos no deben juntar a las duplas. Algunas parejas creativas, con amplio reconocimiento y muchas horas de trabajo en común, cambian de agencia como un solo ente y se ofrecen para ser contratados como un grupo de dos personas. Una situación que empieza a ser cada vez más habitual dentro de la profesión:

> Yo prefiero que los equipos vengan formados, pues resulta muy difícil juntar un *copy* y un director de arte que no se conocen de nada. Para formar equipos nuevos debe haber primero un entendimiento entre ellos. Luego el nivel profesional debe ser el mismo y, finalmente, se necesita como mínimo seis meses hasta que se acoplan. Por ello, prefiero buscar equipos ya consolidados. Prefiero que tengan experiencia e incluso que tengan éxitos. Evidentemente, busco también que sean buena gente, con mente abierta y buen rollo porque para que una agencia funcione debe haber un buen ambiente. *Antonio Fernández*

> Hay equipos que se han venido juntos. Creo que ahora hay más equipos que trabajan juntos que cambian de agencia porque tienen lo que quieren, las cuentas que desean o las condiciones de trabajo buscadas. *Nicolás Hollander.*

Frente a la generalizada idea de otras profesiones, donde los conocimientos están por encima de otras cualidades, el departamento creativo de la agencia busca personas humanas con valores positivos. Y aunque las habilidades son importantes, la actitud inconformista y la lucha por sacar un trabajo adelante son claves para la creatividad publicitaria. Hay que resaltar que se está ante una profesión de gran desgaste por las presiones y cantidad de tiempo que se emplea en ella. Así pues, personas conflictivas desestabilizan el entorno y repercuten sobre la creatividad. Con una plantilla de calidad humana –y sin olvidar su aptitud para la creatividad– la formación de equipos creativos es más fácil, y como ha quedado reflejado, en publicidad se buscan grupos complementarios. A pesar de la tendencia a encontrar profesionales de estas características, siempre surgen algunos conflictos en el trabajo diario.

2. Conflictos diarios: una lucha de egos

Como los artistas, los redactores publicitarios poseen un gran sentido de la propiedad sobre su trabajo, a menudo incluso para defender el trabajo más mundano (Singer, 1982). Esta propiedad supera el nivel de lo que otras personas sienten por sus trabajos (Hirschman, 1989). «Es un proceso interno tan profundo –describen Kover y Goldberg (1995)– que el trabajo se convierte en una extensión de la persona que escribe publicidad». El producto elaborado por los redactores publicitarios es calificado por los propios creativos como sus *niños*, con todas las asociaciones de proximidad y propiedad que conlleva esta paternidad.

De hecho, y según Kover y Goldberg (1995), la implicación paternalista de los creativos publicitarios hace que tengan carreras plagadas de grandes tensiones personales. La eliminación de control sobre sus creaciones, las críticas de sus compañeros van más allá del propio trabajo creativo y afectan al ámbito personal del sujeto creativo. Para los profesionales, este fenómeno es un «problema de ego» y es la causa principal de muchos de los conflictos que surgen en el entorno humano del departamento creativo y que entorpecen el clima para la creatividad:

> El ego es una cosa terrible y existe. Se puede herir a un publicitario diciéndole que su campaña no es buena. Incluso te das cuenta de que hay gente a la que le hieres el ego cuando no le felicitas. *Joan Texeidó.*

> Suelen ser problemas de ego. Cuando lo detecto intento cortarlo de raíz. Depende del caso y de lo que ocurre. Cuando veo que un ego acaba de despuntar le pego para que se esconda otra vez. A lo mejor aparto a esa persona y le hago ver que el comentario que ha hecho no estaba provocado ni por un interés para mejorar el trabajo, ni por un deseo de servir mejor al cliente, ni por una intención de mejorar la bobina de la agencia, sino por una intención exclusiva de resaltar su ego personal. *Alex Ripollés*

En efecto, la situaciones más desafortunadas que se producen en el trabajo diario del departamento creativo provienen de las conductas personales. En los anteriores párrafos –de los Ángeles (1996), Fletcher (1990, 1994), McNamara (1990) y Meiklejohn (1997)– se vieron algunas prácticas de dirección que intentaban atajar y controlar el ego de los creativos. Los encargados de gestionar el departamento creativo ponen especial énfasis sobre dos prácticas negativas derivadas del ego:

1. La falta de un criterio sincero de evaluación entre los compañeros.
2. La competencia desleal o sucia.

Una de las razones que encienden los conflictos procedentes del ego del creativo es la falta de comunicación sobre los trabajos o ideas de otros núcleos creativos de la agencia. Ya no solo el director creativo debe felicitar o criticar de forma sincera los productos que se le presentan, como advierten de los Ángeles, Fletcher, McNamara y Meiklejohn, sino que los propios creativos son quienes deben adquirir esas costumbres y deben buscar la opinión fuera de su entorno más íntimo:

No las tengo, simplemente hablo con mi gente para que comparta mi filosofía de trabajo. También he de decir que soy muy duro. Cuando no veo las campañas, se lo digo claramente. Y no es que sea borde, sino muy sincero. Pero ellos también me lo dicen a mí. Por ello es muy importante la capacidad de la gente, la capacidad de aguante y la capacidad de escuchar a la gente. Cuando alguien te enseña una campaña y le dices que es muy fea y no te gusta, y este se bloquea y se cabrea y lucha en la defensa, entonces mala cosa. Por eso tienes que tener la capacidad de autocrítica suficiente y de aceptar las críticas. Y no solo de eso, sino de buscar las críticas. Recorrerse toda la agencia para que te lo vayan criticando antes de llevarlo al director creativo. Escuchar y después decidir, aunque a veces opten por no hacer caso a nadie. Primero escuchar, luego ver en qué se tiene razón y después si se está convencido, seguir hacia delante. No siempre se puede contentar a todos. Primero escuchar, pero escuchar de verdad, no para quedar bien. Esto es difícil y hay gente que no lo acepta. El ego es muy importante en los profesionales que se dedican a la creación de ideas. Es como en el arte. *José Luis Esteo*

No obstante, es una tarea ardua lograr que los creativos se decidan a pasar por la crítica de sus compañeros y realizar comentarios sinceros hacia otros trabajos. Además, las propias agencias, de cara al exterior, no reconocen el problema y afirman que el clima es de perfecto entendimiento y diálogo aunque por cuestiones propias de la personalidad creativa no sea de esa tesitura:

Yo lucho hace un año para que no sea así, pero no lo consigo. La respuesta oficial es «no, todo lo compartimos», pero la real es «sí». Intento, desde hace un año, que cada semana se junten los creativos sin que yo intervenga, solo ellos, para hacer algo mucho más anárquico y más libre. Que se vean todos juntos y comenten los trabajos, y hablen de creatividad. *Joan Texeidó*

Yo creo que con una dirección que fomente el diálogo. Hay también algunos trucos. Por ejemplo, en Navidad, para mandar la felicitación de la agencia, nosotros hacemos un concurso. Un concurso interno a nivel de todos los departamentos donde todo el mundo alaba lo que se hace. El compartir las ideas es un proceso lento en el que nadie se debe apuntar como protagonista. Incluso la gente demasiado vanidosa no funciona en las agencias, pues la propia estructura los anula. Al final, lo importante es que se compartan las ideas en el día a día y lograr que los creativos pierdan el miedo y no consideren que si se presentan las ideas a otro creativo se las van a robar. Aquí hay una visión internacional donde la filosofía de agencia es la búsqueda de la idea y que cualquiera puede lograrla, y cualquiera tiene que estar motivado para dar esa idea y tiene que saber que si la da se pondrá en marcha. *César García*

Por otra parte, la ausencia de comunicación y diálogo y el estrecho rigor crítico son campo de cultivo para que surjan actitudes tan negativas para la creatividad como el excesivo celo sobre la propiedad de las ideas y la competencia desleal. El creativo, por su carácter, mantiene una postura de propiedad ante su trabajo. Sin embargo, el departamento creativo intenta postular una actitud de copropietario en sus trabajadores, que ayude a alcanzar una idea excelente, ya que el sujeto cuida el producto desde sus inicios hasta el final:

> Ese es otro gran debate, ¿quién es el propietario de una idea? Pues es un debate complejo y largo. Pero, bueno, el copropietario de una idea, porque yo creo que propietarios no hay, siempre tiene la ilusión y el celo de acompañar esa idea hasta el final, de tratar que no se le escape de las manos, de tratar de opinar sobre esa idea, y por supuesto, sería malo que no hubiese un espíritu de posesión de esa idea. Otra cosa es que exista mala leche o intentos de robar ideas, de pisar el trabajo de otros. No digo que no se puedan producir, porque somos humanos, pero que en general, se cree un clima lo suficientemente abierto como para que incluso, si se producen, la gente pueda protestar y pueda expresar su disconformidad. *Toni Segarra*

> Yo siempre tomo el argumento de que lo que salga, me da igual quién lo haya dicho, me da igual de quién haya surgido la idea, la idea es de todos. *Alex Ripollés*

Los directores creativos huyen de un entorno competitivo donde existan prácticas de «pisar el trabajo de otros» o «intentos de robar de ideas», pues al final y como afirma Paco Segovia se provocan rencillas en el departamento creativo y «nadie quiere trabajar con nadie». Los profesionales son conscientes del problema y tratan *cortar de raíz* aquellas situaciones donde un creativo declare que «esto lo propuse yo» o «esa idea era mía». No obstante, en algunos momentos del trabajo diario, la competencia sana ayuda a estimular el trabajo creativo de las parejas creativas y es parte natural del trabajo:

> No tendemos a crearla, se crea de un modo natural a veces. A mí me parece perjudicial. Yo procuro que no exista, me gustaría creer que la gente es más feliz cuando no tiene encima el peso de tener al tipo de al lado haciendo lo mismo que yo. Lo que pasa es que hay gente más competitiva que otros, gente que se mete en el trabajo de otros, pero forma parte del proceso natural. No lo fomento. Yo creo que eso se produce en algún momento de manera natural, pero lo que no queremos es que sea bloqueador. Si sirve como estimulante, mejor. Si de pronto juzgamos conveniente que otro equipo trabaje en algo que un equipo estaba trabajando y que no se sale, pues lo primero que hacemos es hablarlo con el equipo que lo estaba trabajando. Consultamos qué les parece, les pedimos que se involucren en el proceso; no entendemos que haya que estimular una competencia insana o salvaje. Hay otros sitios que lo hacen y les va bien. *Toni Segarra.*

En el fondo, para crear un buen ambiente no hay un secreto. Quizá hay que intentar ser claro, equilibrado y justo con todos, y si tienes preferencias hacia algún equipo creativo no demostrarlas, pues eso hace daño al resto de la gente. También saber darle a cada uno lo que se merece cuando se lo merece: si alguien ha ganado un premio, enviarlo a que lo recoja en un festival, por ejemplo. Y desde luego, no mostrar preferencia y dar las mejores cuentas siempre a los equipos que crees que son los mejores pues en dos días el departamento creativo se te rebela. No obstante, también debes mantener un cierto nivel de competencia. Yo, si soy creativo y veo que el de al lado ha hecho una buena campaña, la próxima vez intentaré superarme, y ese nivel de competitividad debe existir. Por nuestra parte es un tira y afloja con el departamento, pero sobre todo es que se muestre a toda la gente el buen trabajo de los equipos. Desde luego, el ambiente es de diálogo, y todo el mundo felicita el trabajo bien hecho de los otros. *Antonio Fernández*

Ante este panorama, parece lógico que el departamento de creatividad busque algún tipo de protección para paliar el daño que provocan los desajustes explicados. Hay agencias que juntan una vez por semana los equipos creativos sin la asistencia de los directores. En esas reuniones se habla de creatividad publicitaria para crear criterio, se comentan los trabajos que fluyen en la agencia y se fomenta entre los asistentes la puesta en común de nuevas ideas. No obstante, para Joan Texeidó, este tipo de prácticas tienen resultados lentos y complicados por el número de personal que trabaja en el departamento creativo de las grandes agencias:

(...) Pero esto hay que tomarlo como es: somos 17, una familia. Los hermanos se pelean, pero se quieren mucho. Si somos 54, ya somos primos: hay cariño, pero yo tengo mi casa y empieza a haber algo extraño, que no creo que sea competitividad interna, porque al final muchas veces no sabes quién ha hecho una cosa, pero algo hay ahí que hace que la comunicación no sea tan fluida como a mí me gustaría. La verdad es que hoy es complicado aunque yo lucho, y mucha más gente lucha para que haya una buena comunicación.

Sin embargo, la clave para no crear y manejar conflictos reside en la filosofía de la agencia y el carácter gestor del supervisor creativo cuyo talante de diálogo, libertad, motivación y reconocimiento son la piedra fundamental donde se sustenta un departamento creativo que fomenta la creatividad compartida.

Creo que este tipo de cosas, la dirección o gestión, hay que demostrarlas con el ejemplo. Por ejemplo, cuando a mí se me ocurre una idea, no ando vanagloriándome, sino que consulto: «Mira lo que se me ha ocurrido. ¿Qué te parece?». Y escucho la opinión y la valoro y tengo en cuenta. A mí me interesan las opiniones de todo el mundo porque nadie está en posesión de la absoluta verdad. Yo creo que todos tenemos una porción de verdad, algunos más que otros por calidad, experiencia, práctica con el cliente, sensibilidad o por lo que sea. Pero todos, desde la señora de la limpieza hasta el director general poseemos un trozo de verdad, y a mí me interesa la del director general y también la de la señora de la limpieza. *Alex Ripollés*

(...) para mí, el departamento creativo ideal es el departamento creativo que no está compuesto por habitaciones estables, por departamentos estancos, ni en el que cada cual tiene unas designaciones concretas. Creemos que hace falta crear un fuerte sentimiento de trabajo compartido. En las cosas que la agencia firma, no son firmas a título personal. El trabajo es colectivo y la firma es siempre de la agencia. *César García*

Intento que la gente no quiera ser demasiado propietaria de una idea, porque la idea no es tuya, sino que es de todos en general. Estamos todos en el mismo barco, y que nos quede muy claro para dónde remamos. Si empiezas a hacer pequeños guetos, hay problemas. Nosotros tenemos una cosa muy clara; queremos ser el Guardiola del Barça, no ser el Figo ni el Rivaldo: que estés contento en tu casa, que ganes un buen dinero y no te quieras ir. Yo creo que esa es nuestra gente. Siempre va a haber empresas que te van a pagar más, lo tenemos muy claro, pero posiblemente no te quieran tanto o no lo pases tan bien como aquí. *Fernando Macía*

3. Bloqueos creativos: cómo detectarlos y erradicarlos

Según Simberg (1971: 123-145), existen tres tipos diferentes de bloqueos, presentes en la mayoría de los individuos que inhiben la creatividad. Uno de ellos es el bloqueo perceptual: no ver cuál es el problema o qué es lo que anda mal. Se pueden describir, en líneas generales, como si se tuviera solamente un sistema mental o una predisposición a ver la situación de una determinada manera, por más que la examinemos muy de cerca y concienzudamente. Hay una segunda serie de bloqueos denominados «culturales». Su origen es la manera en la que hemos sido educados, qué es lo que se nos ha enseñado a aceptar como bueno y como malo. Son algunos de los más difíciles de eliminar y su causa proviene de las fuerzas de la sociedad que han modelado nuestras vidas, y en varias ocasiones restan cierta dosis de coraje que requiere la creación. Finalmente, aparecen los bloqueos emocionales que están dentro de nosotros por causa de las inseguridades que sentimos como individuos.

Bloqueos perceptuales

1. Dificultad para aislar el problema: no se puede separar el problema real de los problemas con que está relacionado.
2. Dificultad causada por una limitación excesiva del problema: se presta muy poca o ninguna atención al ámbito que rodea al problema.
3. Incapacidad para definir términos: la comunicación entre personas hace que no se comprenda el problema.
4. Incapacidad para utilizar todos los sentidos para la observación.
5. Dificultad para percibir relaciones remotas.
6. Dificultad en no investigar lo obvio.
7. Incapacidad para distinguir entre causa y efecto.

Bloqueos culturales

1. El deseo de adaptarse a una norma aceptada.
2. Ser prácticos y económicos: el juicio racional tiene su lugar después de la creación, no durante el período en que se está tratando de encontrar ideas.
3. No es de buena educación ser muy curioso ni es inteligente dudar de todo: con esta actitud se frena la creatividad. A través de cuestionamientos, por medio de la curiosidad, se llegará a la creatividad.
4. Darle demasiada importancia a la competencia o cooperación: ambas actitudes llevadas al extremo conducen a un estancamiento de las ideas.
5. Demasiada fe en las estadísticas. Las personas no ven más allá de los datos.
6. Dificultades que surgen por las generalizaciones excesivas. Desde el punto de vista de las relaciones humanas no se debe hacer demasiadas generalizaciones, hay que reconocerlas y tratarlas estrictamente como individuos.
7. Demasiada fe en la razón y la lógica.
8. Tendencia a adoptar una actitud de todo o nada. Hay que defender nuestras ideas de modo abierto y dialogante.
9. Demasiados o muy pocos conocimientos sobre el tema de su trabajo. A veces, demasiados conocimientos pueden ser un obstáculo devastador.
10. Creer que no vale la pena permitirse fantasear. La fantasía, ensoñaciones siempre han sido precursoras de la invención.

Bloqueos emocionales

1. Temor a equivocarse o hacer el ridículo.
2. Aferrarse a la primera idea que se nos ocurre.

3. Rigidez de pensamiento (dificultad en cambiar de sistema). Muchas veces, cuando se sugieren cambios en las ideas, el individuo lo toma como una agresión personal.

4. Sobremotivación para triunfar rápidamente. Es natural, y el individuo se siente altamente motivado. Sin embargo, si no tiene paciencia y no ve resultado, se sentirá frustrado.

5. Deseo patológico de seguridad. Empleados nuevos pueden rehusar al riesgo a hacer algo nuevo.

6. Temor a los supervisores y desconfianza de los compañeros y subordinados.

7. Falta de impulso para llevar adelante un problema hasta complementarlo y experimentarlo.

8. Falta de voluntad para poner en marcha una solución.

A lo largo de este capítulo se han señalado las prácticas que ayudan a favorecer la creatividad. En el fondo, y si se cambia el punto de vista, parte de la gestión del departamento creativo de la agencia de publicidad se dirige a crear un ambiente donde no surjan varios de los obstáculos descritos por Simberg. Sin embargo, parece paradójico que los profesionales ven los bloqueos creativos como un problema derivado exclusivamente de la situación personal del creativo y no barajan otras posibilidades como las advertidas:

> Este es un trabajo en el que no tenemos nada, solo la cabeza; entonces, cuando solo está la cabeza, te afecta todo mucho. Y esto lo notas, en la gente, que la gente cuando la vida privada le va mal, le va mal el trabajo o al contrario; hay gente que cuando su vida personal va peor, trabaja mejor, solo tienes que buscar un equilibrio. Hay gente que igual cuando ha tenido alguna crisis de angustia, ha hecho trabajos fantásticos. *Joan Texeidó*

Toni Segarra introduce una especificación al bloqueo de un sujeto creativo. Para él, primero se debe reflexionar e indagar sobre si el bloqueo es real, o simplemente el creativo no produce porque carece de talento. En lo que coincide con el resto de los profesionales es que sobre el gestor cae la responsabilidad por detectar los bloqueos dentro del departamento creativo; por ello, la actitud acertada de todo director es la de *olfatear* constantemente el estado creativo de su plantilla:

> Lo primero que hay que saber es si es un bloqueo patológico o es un bloqueo circunstancial; hay gente que nos parece que está bloqueada y gente que es mala. Hay que distinguirlo y detectarlo, y una vez que lo detectas, aplicar la cirugía. Es un proceso constante de oler, de olfatear quién está bien y quién está mal, de ver quién lleva una temporada sin sacar algo bueno y lo está notando, quién está demasiado

sobrado y hay que pararle los pies, quién no acierta... A veces esto se habla entre la dirección, pero generalmente, es un proceso mucho más intuitivo, más psicológico, y entonces lo que haces es que cuando ves que un equipo ha comido muchos marrones durante un tiempo determinado, pues dices que a estos ya les toca una perla, y estás más con ellos, hablas más con ellos, y luchas porque la perla salga, y viceversa, pero no hay un método. Y muchas veces te pasa desapercibido. De pronto hay un tipo bloqueado y no te das cuenta, alguien te lo tiene que decir; o él mismo se descubre, o lo descubres tarde, pero sí que hay un constante olfateo. Otra de las cosas por las que me gusta el espacio abierto es porque me paso el día yendo de mesa en mesa, y eso te hace tener un poco más la sensación de tenerle el pulso tomado a cómo están los equipos y cómo está la gente.

También recae sobre el director la gestión para solucionar el problema donde su labor, según Nicolás Hollander, es «muy importante». No parece, por otra parte, existir una práctica general para actuar sobre los bloqueos creativos y el diálogo se presenta como el arma de gestión más adecuada.

Cada director tiene sus propias recetas, basadas fundamentalmente en el diálogo, y nadie hace referencia a las técnicas de generación de ideas como herramienta para resolver los bloqueos mentales. Algo extraño si se tiene en cuenta que existen muchos trabajos en el campo académico de la publicidad donde se describen métodos específicos para la ideación.

4. La motivación del creativo: el deseo de un trabajo bien hecho

Amabile (1983, 1996) crea un modelo donde explica los tres componentes de la creatividad –pericia, capacidad de pensamiento creativo y motivación–. Entre ellos, la autora destaca la motivación hacia la tarea y considera que todas las formas de motivación no ejercen el mismo efecto en la creatividad. De hecho, afirma que existen dos tipos de motivación, *extrínseca* e *intrínseca*, y considera esta última como la más conveniente para la creatividad. Además Amabile (1998), en uno de sus últimos trabajos, recalca que las prácticas derivadas de la motivación extrínseca a menudo son la raíz de los problemas de la creatividad en muchas empresas.

En publicidad y en otras organizaciones, la motivación externa viene en forma de dinero. Para Fletcher (1999b: 77) la palabra dinero pierde interés para los creativos publicitarios como una manera de motivar y aumentar la creatividad de sus ideas. Aporta dos razones que le llevan a promulgar esta conclusión. La primera es que la actitud del creativo publicitario no es diferente a la de otras personas y por tanto, se siente más motivado por otra serie de factores. La segunda es que los creativos tienden a disminuir la importancia de la remuneración económica como un factor de motivación. Eso no quiere decir que no estén interesados en el dinero. Sin embargo, según Fletcher, no parece haber una correlación entre el dinero que ganan y la calidad de sus trabajos: a los creativos no se les puede incentivar con más dinero para que trabajen más duro.

No obstante, ocurre que normalmente los mejores creadores ganan mucho más dinero. Y este hecho se produce porque las agencias les retribuyen por su talento, no para motivarlos y que realicen su trabajo mejor. Amabile (1998: 79) también rechaza el dinero como un motivador que los directivos utilizan con más frecuencia y anuncia que en muchas ocasiones no sirve de ayuda, en especial cuando hace que la gente se sienta sobornada o controlada:

> Además, y lo que es más importante, el dinero por sí solo no consigue que los empleados se apasionen por su trabajo. La recompensa económica no puede conseguir por arte de magia que la gente se sienta más interesada por su trabajo, si cree, de corazón, que es mortalmente aburrido.

Por supuesto, los creativos publicitarios trabajan por dinero. Sin embargo, no es una de las razones principales por las que desarrollen su trabajo creativo:

> Yo creo que todos trabajamos por dinero. Pero aparte de eso, y sobre todo cuando tienes en cuenta que hay gente que no cobra lo que se merece o lo que le darían en otro sitio –pero se queda y no se va–, es porque existen otros motivos.
> *Alex Ripollés*

La pasión y el interés –el deseo interno de una persona por hacer algo– son los principales componentes de la motivación intrínseca. Cuando las personas tienen una motivación intrínseca, se comprometen con su trabajo por el reto que supone y porque disfrutan con ello. El trabajo en sí mismo es motivador. Amabile establece lo que denomina el principio de la creatividad por motivación intrínseca: las personas alcanzarán su máximo grado de creatividad cuando se sientan motivadas fundamentalmente por el interés, satisfacción y el reto de trabajo en sí y no por presiones externas.

Pero sentada la premisa desde el campo académico sobre la importancia de la motivación intrínseca en el proceso creativo, ¿cuáles son los motivos que conducen a los creativos publicitarios a desarrollar ideas excelentes?

De la bibliografía manejada en la disciplina de la publicidad, hay escasos trabajos donde se intenten responder a la pregunta propuesta: Bullmore (1990), Haines (1997, 1997b) y Fletcher (1999b). Entre estos autores resalta Fletcher

(1999b: 78) que en su análisis contempla cuatro factores de motivación que más importancia poseen para el creativo de una agencia:

1. Reconocimiento y aprecio.
2. Libertad para trabajar en áreas de gran interés.
3. Contacto con colegas que estimulan.
4. Estímulo para tomar riesgos.

Teniendo en cuenta los testimonios de profesionales, y junto a los estudios académicos, los factores principales de motivación para los creativos pueden ser:

1. Reconocimiento interno del creativo: El trabajo bien hecho.
2. El reconocimiento externo.
   2.1. Ganar premios en festivales.
   2.2. Desde el círculo donde se mueve el creativo.

El primer factor, con distintas palabras, se relaciona con el principio de motivación intrínseca descrito por Amabile donde los sujetos se sienten motivados por «el reto de trabajo en sí». Cuando se explicó la labor gestora en el estudio de de los Ángeles (1996: 136), el autor especificaba que para mejorar el trabajo creativo el director debía conocer los «motivos sublimes del obrar humano». Y el primero de ellos, el deseo de acabar el trabajo con perfección, se corresponde con este primer factor.

Como describe José Luis Esteo, el verdadero creativo publicitario debe alejarse de la fama y gloria y su mayor motivación, tanto para un principiante como para el creativo más laureado, es llevar a cabo un trabajo bien hecho, independientemente de la entidad o importancia de él:

> Al mal creativo le motiva la gloria, la fama. Al gran creativo, aunque pueda equivocarse y pensar que es la fama, no busca esto. Aun cuando la tiene, sigue cabreándose porque no le han aprobado un pequeño reclamo. Lo que le interesa al gran creativo es simplemente el trabajo bien hecho. Y se agarra los mismos *cabreos* con un *spot* de 300 millones que lo va a ver toda España, que con un modulito en la página de un periódico o revista. Yo he tenido la suerte de trabajar con los números uno de agencias famosas, y ves que el mediocre creativo pone todo su empeño en las cosas que va a ver mucha gente, que tienen mucha inversión. Y sin embargo, tú ves al número uno de este país como director creativo y ves que se cabrea por un faldón miserable.

El modo en que se refleja interiormente esta motivación puede ser variado. Para Joan Texeidó, hay un componente que aumenta la fuerza del trabajo bien realizado, que anima a seguir por el mismo camino y lograr que el creativo se esfuerce en su labor diaria: el orgullo y la lucha contra la vergüenza.

Luego, hay una cosa que a mí me parece muy importante: cuando salgas a la calle, compres el periódico, veas la televisión, veas una valla publicitaria, sentirte orgulloso. Por otra parte, es terrible cuando ves un *spot* tuyo y no te gusta. Aunque parezca absurdo, la capacidad de no avergonzarte de lo que haces es muy importante. Al final, todos buscamos excusas: «salió así porque el cliente me lo cambió», que probablemente sea verdad, pero siempre digo que un cliente no aprueba nada si no se lo presentas. No encontrarte con un trabajo que te avergüence me parece una cosa importantísima. Creo que, más allá de los festivales, importa que la publicidad esté bien.

El orgullo por ver el anuncio creado en la calle y no sentir vergüenza por él impulsa la capacidad creadora. Si por el contrario se muestra repulsa por lo visto en la televisión, prensa o demás soportes, merma la confianza del creativo y su futura motivación para siguientes trabajos. En el fondo, todo creativo necesita ver realizada su idea, la aprobación final del cliente, la idea en la calle para mantener su autoestima y motivación intrínseca alta; a partir de este punto comienzan a entrar el resto de las motivaciones:

La principal motivación es ver tu idea en la realidad. No hay nada que frustre más que una idea que no te aprueban o que, aun habiéndotela aprobado, no salga nunca al mercado. Principalmente cuando es a nivel cliente, ya que a nivel interno nunca las ideas están tan desarrolladas. Aquí todavía son ideas, y que además, pueden surgir para otra ocasión. No es como dedicar muchas horas y que luego no salgan. De ahí los concursos, el pedir creatividad a dieciocho agencias y que diecisiete ideas se queden en la papelera; es muy frustrante. La pretensión del creativo es ver tu idea publicada.

La siguiente motivación son los festivales. El reconocimiento por tu idea. Y al final lo que buscas con todo eso es dinero, ganar más. Pero yo creo que las prioridades van en ese escalafón. Lo primero, ver tu idea publicada, eso es lo que más motiva. Nadie trabajaría sólo por los premios, nadie trabajaría sólo por el dinero porque si no, no estaría en esto. Básicamente, se trabaja por ver la idea publicada. Comprar un periódico y ver ahí tu idea. Y luego, al final, evidentemente buscas dinero. *Paco Segovia*

El principal reconocimiento externo viene dado por los premios conseguidos en festivales publicitarios. La obtención de premios y las consecuencias para las agencias y sus empleados han sido tratados por varios autores. Polonsky y Waller

(1995) señalan que el logro de un premio es el camino para que las agencias consigan un reconocimiento a su trabajo, animen al personal creativo, incrementen el prestigio en la industria y atraigan nuevos clientes (Schweitzer and Hester, 1992).

La creatividad necesita reconocimiento y alabanza (Raudsepp, 1987), y una de las formas más habituales en la industria es a través del logro de premios en festivales creativos. Además de este particular reconocimiento a la labor creativa, la agencia que alcanza tal recompensa fomenta la creatividad entre su personal; no solo hacia la persona que creó el anuncio, sino que los premios incrementan la moral de la plantilla, promueven el orgullo de la agencia y motivan a otros empleados, pues se elevan los estándares y fomenta la excelencia dentro de la agencia (Browne, 1992). De hecho, también alzan el prestigio dentro de una industria tan competitiva como la publicidad (Pendleton, 1988). Además añaden reputación a la agencia como una empresa de excelente creatividad, se mejoran las relaciones con el cliente y se captan nuevas cuentas.

La obtención de un premio no es simplemente elevar el ego de la agencia de publicidad. Puede también beneficiar al cliente, ya que su agencia les proporciona un trabajo creativo de alta calidad y una publicidad añadida como resultado de obtener un premio por su anuncio. Para Polonsky y Waller (1995) los premios pueden ser vistos por algunos clientes como un factor importante para la relación agencia-cliente (Wackman, Salmon, and Salmon, 1986; Schweitzer and Hester, 1992; Wills, 1992) y a la vez abren el camino para conseguir nuevas cuentas con expectativas por obtener campañas de éxito.

En este sentido, McNamara (1990: 159) discrepa en el último punto expuesto por los anteriores autores. Para él, los clientes mantienen otra perspectiva respecto a los premios en festivales. El cliente muestra más interés en comprobar si la publicidad funciona o no dentro del mercado: si la situación del negocio no es buena, ganar un premio podría tener un efecto negativo en la relación con la agencia.

Además, McNamara intuye que los clientes sospechan sobre algunos creativos que están más interesados en el deseo de ganar un premio que en crear ideas creativas que ayuden al cliente. Estas sospechas son a menudo justificables para el autor (1990: 159):

> Los creativos saben que sus carreras pueden ser enormemente promocionadas a través de los premios.

En el resto de los apartados descritos por Polonsky y Waller (1995), el investigador muestra su acuerdo y anima a las agencias para que participen en los festivales (1990: 159) por los beneficios internos para la propia agencia y su plantilla:

A pesar del cinismo que algunos sienten por los premios creativos, una agencia, por varias razones, debería participar en los festivales. La principal razón y más obvia es para apaciguar a los creativos que desean ganar premios. Una agencia que evita los premios no podrá atraer y conservar a su mejor gente creativa. Por lo tanto las agencias deben invertir tiempo y dinero para participar en los festivales.

Los creativos publicitarios reconocen el valor de los premios y la fuerza que estos tienen dentro del creativo. Pero la seriedad del trabajo debe primar sobre los objetivos de conseguir premios. Por una parte, si el creativo monopoliza su esfuerzo en favor de los festivales y al final no logra obtener la recompensa, la sensación de fracaso es terrible y cabe la posibilidad de entrar en un bloqueo creativo. De esta manera, algunos directores creativos no tienden a impulsar estas prácticas dentro de la agencia:

> (...) Hay creativos a los que los festivales les motivan terriblemente: triunfar dentro de su círculo les motiva. A mí me parece preocupante. Yo creo que en esta agencia no es de las que eso se da a menudo, probablemente porque hemos luchado toda la vida para que eso no sea así. Yo creo que uno no puede trabajar para los festivales. No obstante si te premian por un trabajo que veías exactamente por donde debía ir, eso es un gran premio. El cliente está encantado, y además te han dado el león en Cannes. Genial. Cuando tú estás trabajando para ganar el premio en el festival y no te lo dan, la sensación de fracaso es terrible. Pero esa motivación existe y seguirá existiendo. *Joan Texeidó*

En el contexto de la búsqueda de la calidad del trabajo, la obtención de premios ayuda al joven creativo. En los primeros años de trabajo, los creativos parecen obsesionarse en los festivales. Sin embargo, se debe seguir un proceso de maduración en el que siempre se mantengan los pies sobre el suelo y se prime la calidad del trabajo sobre el reconocimiento externo:

> Hay un primer momento, cuando tienes veintitantos años, en que a todo el mundo le gusta aparecer. Pero tiene que haber un proceso de maduración, no puedes estar así toda la vida. Y esa maduración pasa por seguir siendo exigente con tu trabajo. Y ser una persona que te gustan mucho los premios, pero por la calidad del trabajo que has hecho. Pero si un día haces un trabajo del que estás orgulloso y no te llevas una felicitación, de lo que tienes que ser capaz es de ser más duro de lo que pueden ser los demás: tirar muchas campañas antes de escoger una. Yo, por ejemplo, tengo trabajos que han sido leones y no los tengo en la carpeta, porque internamente yo consideraba que no era una gran campaña y que podía haber sido mucho mejor. Y esas son actitudes que se deben inculcar a la gente. Es decir, que no estén tan atentos de lo externo y alimentar una autorreflexión muy grande. *José Luis Esteo*

Polonsky y Waller (1995) apuntaban que los premios añadían cierta reputación creativa a las agencias y consecuentemente abrían la posibilidad gestionar nuevas cuentas. Fletcher (1999b: 159) añade que además de lanzar a la fama a la agencia, cuyos efectos pueden durar de modo uniforme «una década o más», y atraer más clientes, los creativos de otras agencias pueden estar tentados a recaer en una agencia de alto nivel dentro de la profesión. Por lo tanto, otro factor de estímulo para un creativo es desarrollar su labor dentro de una agencia prestigiosa en el sector. El creativo no solo evalúa la agencia por sus premios, sino que factores como la filosofía de trabajo, ambiente creativo, tipo de cuentas, tamaño empresarial de la agencia siempre permanecen presentes en ellos a la hora de elegir agencia. Que un creativo se sienta parte de una gran organización ayuda a desarrollar su labor creativa:

> (…) También cuando trabajas en una agencia que hace un trabajo excelente y se le reconoce, tanto en la calle como en los anunciantes, como en los festivales, eres, aunque suene cursi, mucho más feliz. Si tú trabajas en una agencia que no es reconocida, de la que dices las cuentas y nadie se acuerda de ningún anuncio, se te queda en el fondo una imagen de que eres un comunicador que comunica poco. Los creativos son gente que vive mucho de estas cosas. *César García*

Algunos profesionales no comparten la tesis descrita por Fletcher sobre las suspicacias que el cliente guarda respecto a la actitud de los creativos por ganar premios en festivales. La efectividad de una campaña es un incentivo sólido para el creativo que está encargado de la cuenta, aunque existe un componente interno de trabajo bien hecho y cierto ego interior:

> Luego, también es verdad que la efectividad y los resultados positivos de la campaña también motivan. Cuando el cliente llega y te enseña un gráfico, y ves que cuando hay publicidad el gráfico sube, te sientes feliz. Feliz y poderoso: haces un mensaje, lo pones en un medio, la gente lo ve y te hace caso. Hay una cuestión rara, de poder. *Antonio Fernández*

Cuando se describieron los conflictos derivados del ego creativo, se desveló la importancia de la felicitación o crítica sincera a las ideas generadas. Es un reconocimiento interno procedente no solo de los directores de los departamentos creativos, sino de los propios compañeros. La alabanza del entorno humano que rodea al creativo en su trabajo es una motivación intrínseca que estimula al sujeto creativo. Así, se constata que adoptar dentro del departamento creativo una atmósfera de diálogo y comunicación en un entorno humano ayuda a impulsar la motivación del creativo:

Lo que antes te decía del ambiente es un motivo importante: son muchas horas las que pasamos aquí y tienes que disfrutar con lo que haces. Y aquí la gente disfruta, o al menos intento que disfruten el máximo posible. *Alex Ripollés*

Aparte del círculo profesional de la agencia, el creativo suele relacionarse con otros creativos que pertenecen a otras agencias o antiguos compañeros con los que continúan manteniendo cierta relación. Desde este ámbito, el reconocimiento a su trabajo, las felicitaciones a una idea creativa que se está emitiendo en los medios, son un impulso motivador que en algunas ocasiones importa más que las propias valoraciones emergidas desde la agencia. También las críticas positivas que aparezcan en las revistas del sector influyen sobre la motivación del creativo.

Reconocimiento del círculo donde se mueve, dentro y fuera de la agencia. Dinero. También motiva aparecer en las revistas del sector, pero sobre todo que sea bien valorado su trabajo. *Nicolás Hollander*

C.
LA GESTIÓN DE LOS FACTORES EXTERNOS
DEL DEPARTAMENTO CREATIVO

1. El horario de la agencia: ¿un círculo vicioso para la creatividad?

«El respeto al horario oficial de la agencia no se cumple», confirma Toni Segarra y añade: «Los horarios no funcionan. Aquí la gente entra cuando quiere, en una ancha banda que va entre las nueve y las once. Y tampoco existen horas de salida de la agencia. En general, casi todas las noches hay gente aquí trabajando para algún proyecto, incluso los sábados». En las agencias de publicidad no existen los horarios. Los profesionales del sector se adaptan a los ritmos exigidos por el flujo de trabajo.

Desde la investigación publicitaria no existen trabajos que recaben información sobre los horarios de las agencias, las razones por las cuales los departamentos creativos trabajan tantas horas, las consecuencias sobre el rendimiento y deterioro de la creatividad, las soluciones. Únicamente algunos trabajos referentes a los plazos de entrega impuestos por los clientes dan alguna luz sobre el problema del horario de los creativos publicitarios.

A través del análisis de las respuestas aportadas por los profesionales, se pueden detectar cuatro razones que explican la situación actual de los horarios de trabajo en el departamento creativo:

1. Adaptarse a los horarios de terceras personas.
2. Adicción al trabajo.

3. Volumen de trabajo y presión en los plazos de entrega.
4. Búsqueda de tranquilidad.

Respecto al primer motivo, el trabajo del creativo publicitario está coaccionado por los horarios de otros profesionales que rodean la publicidad. No influyen tanto en la fase de ideación como en la parte de producción. No obstante, el trabajo se acumula y si a lo largo del día el creativo ha empleado su tiempo en crear ideas, en algunas ocasiones debe acudir a rodajes, montajes de anuncios, etcétera:

> El problema que tienen los equipos creativos es que, a veces, tienen que empalmar los horarios de trabajo del cliente y la agencia con los horarios de trabajo de todo el entorno. Puede pasar que hayas llegado a las 9 de la mañana a la oficina y que hayas estado trabajando todo el tiempo y que después te toque hacer una sonorización o un montaje a horas intempestivas. *Enrique González.*

> El trabajo es desorganizado y se trabaja hasta tarde. El trabajo creativo siempre será así. Entonces, no puede existir un horario estable, porque además, depende del trabajo del cliente, depende del trabajo de cuentas, pero también depende del trabajo de ilustradores, de fotógrafos, de productoras y bueno, pues es normal acabar a las ocho o nueve de la tarde. No hay control de horarios sobre los creativos. Otra cosa es si ese señor no rinde. A mí no me importa que un señor trabaje dos horas si hace un trabajo excepcional: hay gente que necesita menos tiempo y otros que necesitan más. *Nicolás Hollander*

La estructura del negocio publicitario hace que estas situaciones sean inamovibles y sean problemas que no tienen una fácil solución. También, y como se advirtió en el apartado relacionado con la motivación, los empleados del departamento creativo sienten el deber de conseguir un trabajo bien hecho, quizá por el instinto paternal hacia sus obras y el creativo es capaz de trabajar «ad eternum» porque siempre hay algún detalle por mejorar:

> Razones para no irme las tengo, podría seguir trabajando *ad eternum*, porque siempre hay alguna cosa que mejorar. El problema en una agencia con el nivel de exigencia alto se encuentra en que difícilmente el trabajo está como tú quisieras que estuviese. Entregas porque lo tienes que entregar, pero el nivel de acabado real que tú quisieras nunca se consigue. Entonces claro, en cuanto hay quince o veinte proyectos en la agencia, que supongo que es la media de proyectos que hay normalmente, siempre hay alguno en que meterse. Pero yo procuro irme a casa a las nueve o nueve y media como muy tarde, pero porque tengo la disciplina de irme a esa hora. No obstante, hay gente que se queda aquí hasta las tantas. *Toni Segarra*

Además, muchos profesionales luchan por lograr piezas dignas para presentarlos en festivales creativos y de este modo enriquecer su *book* y promocionarse dentro de la industria. El conjunto de estos factores conduce a que el creativo, sobre todo en sus primeros años, renuncie al tiempo de ocio y descanso y alargue la jornada laboral hasta altas horas de la noche. Son adictos al trabajo influenciados por la ambición donde el tiempo, dentro de su escala de valores, queda en un segundo plano. De hecho, se forma una espiral que arrastra al resto de compañeros:

> (...) Profesionalmente, son muy viciosos del trabajo, no solo por cumplir. De hecho, viven por su *book*. Su carpeta es lo que les va a asegurar el sueldo y un futuro en la profesión. Entonces, no es simplemente un trabajo. Vives tan pendiente de tu propio trabajo que te vuelves un adicto y eres más ambicioso, y para cualquier proyecto te das y te das. Por eso, no les importa quedarse tarde por la noche, trabajar los fines de semana, todo, pero dentro de un orden. Pero también creo que hay mucha ambición. También la media de edad es muy baja y tienes menos ataduras familiares y ese tipo de cosas. Por tanto, me siento incapaz de hacer que un creativo entre por la puerta a las diez de la mañana si ha estado trabajando todo el fin de semana. No, no sería capaz, sería un estúpido. *Nicolás Hollander*

En algunos casos, la ambición por alcanzar premios se convierte en una fuente de conflictos. En más de una ocasión, la pareja creativa discute porque uno de sus miembros quiere dedicar más horas que otro para idear anuncios diseñados con el único fin de entrar en concursos. Puede parecer que la *adicción* al trabajo sea el móvil de mayor peso para excusar la desorganización del horario del departamento creativo. Sin embargo, el cliente, y en especial la tesitura del mercado, son causas y consecuencias del panorama al que se está haciendo referencia. Los clientes compiten en un mercado donde la mayoría de las veces se debe responder a la comunicación de la competencia. Las promociones, ofertas y nuevos servicios surgen continuamente y el cliente se ve abocado a responder de modo automático para no quedar rezagados:

> (...) Y sucede más que antes, cuando los líderes eran los automóviles. Ahora, con las compañías de telefonía, y te mueves en cuestión de días. Si la competencia saca una rebaja, o la sacas tú al día siguiente, o la has fastidiado. A mí me encantaría tener un horario fijo y saber qué voy a hacer cada día, es lo que más me gustaría en la vida, pero nunca sé si me van a hacer una llamada diciéndome que necesitan algo para mañana. Es el caos. Igual ocurre con la cantidad de trabajo, a veces hay poco y otras veces hay demasiado. Me encantaría poder indicarle al cliente cuándo tiene que hacer sus campañas, pero no puedo. *José Luis Esteo*

Es cierto que existe una postura generalizada de los creativos a quedarse hasta tarde aunque no haya trabajo urgente. Parece que cuando termina la jornada oficial se crea un ambiente más propicio para la inspiración. Sin embargo, esta tendencia va remitiendo y el departamento creativo solo permanece en la agencia cuando tienen un trabajo urgente. Quizá la ausencia de reuniones o el descenso de las llamadas telefónicas provoquen que los creativos aprovechen estos instantes de tranquilidad para desarrollar su trabajo.

Normalmente, en las agencias en las que yo he estado, el creativo tenía una tendencia a irse tarde, aunque no hubiera trabajo. Porque cuando se termina la jornada oficial, se crea un clima en la agencia que parece como más creativo. Eso es mentira. Hay menos llamadas telefónicas, no hay reuniones, no hay gestión, con lo cual todo es a favor de la creatividad. Yo creo que eso ha ido cambiando. Ahora la gente se queda a trabajar tarde cuando tiene trabajo urgente. Muchas veces se queda porque tiene que entregar el trabajo por la mañana; no es: vamos a apretar porque dentro de 4 días tenemos que entregar. Los creativos cada vez somos gente más responsable aunque intentemos aparentar que no. *Enrique González.*

También, en la propia agencia existe una actitud donde si no continúan los creativos después del horario de salida, dan una mala imagen ante sus compañeros y sobre todo ante la dirección. No obstante, ambas posturas van muriendo en las agencias y solo en momentos muy puntuales –principalmente los días anteriores al final de los plazos de entrega– se pide que el creativo trabaje hasta altas horas de la noche:

Es cierto que hay que dedicarle mucho tiempo al trabajo, pero no mucho a la agencia, a estar aquí. Ha existido una tendencia a venir a las agencias a pasar el rato y luego te ponías a trabajar. Ahora es más anglosajón. Llego por la mañana y me pongo a trabajar, y cuando he acabado me voy. No pasar horas como si fuese un club social. Quizá antes se veía con buenos ojos a quien estaba muchas horas en la agencia y ahora quizá ya no, por lo menos en mi caso. Hay que dedicarle al trabajo el tiempo estrictamente necesario para hacerlo perfecto, pero nada más. *Fernando Macía*

Pero a veces en las agencias hay una actitud de que si la gente no se queda hasta tarde, incluso si no tiene trabajo, no queda bien. Y yo no tengo ningún problema con eso. Yo recuerdo una vez que tuve un equipo *junior* que se pegaba aquí hasta las tres de la mañana viendo anuncios. A mí me da lo mismo si estudias aquí todos los días; van a trabajar más horas por el mismo dinero, pero a mí me parece que ver anuncios lo único que genera es repetir anuncios. Lo que se debe hacer es salir a la calle, y ver a la gente cómo es. En otras agencias no pasa, si te vas a las siete de la tarde porque no tienes trabajo, te miran mal. Esta actitud no tiene mucho significado para mí. Prefiero un creativo que me venga al día siguiente diciéndome que se ha visto tres estrenos, que uno que estuvo tres horas aquí para colgarse medallas. *José Luis Esteo*

Ante el panorama descrito, a los directores creativos nos le queda otra solución que una actitud de flexibilidad y respeto al horario de entrada a la agencia. «Se cumplen mal todos los horarios: se acaba de trabajar más tarde y se entra a trabajar más tarde», confiesa Joan Texeidó, quien añade que éticamente no se puede obligar a nadie a entrar a una hora «cuando se suele quedar bastante más que lo estipulado en la agencia». No obstante, siempre se debe exigir puntualidad cuando los creativos tienen reuniones tanto a nivel interno como externo.

Tenemos un horario oficial, pero en realidad, cada uno viene cuando quiere, siempre que respete a los demás. Es decir, a mí me da lo mismo que una persona no aparezca hasta las doce del mediodía y después esté hasta las tres de la mañana –cada uno tiene sus responsabilidades–, salvo que a las diez de la mañana alguien le esté esperando para una reunión. Esto no lo permito, me parece una falta de respeto. Pero cuando no existen ese tipo de cosas, creo que cada uno tiene la libertad, la madurez y el sentido común para organizarse la vida como quiera. Ya no solo por ellos, sino porque en esta profesión igual tienen que estar a las dos de la mañana en un montaje. Y eso es uno de los problemas que no tienen solución. *José Luis Esteo*

La flexibilidad de los horarios se fundamenta sobre la confianza que los directores tienen sobre sus creativos a los que se les exige hacer un trabajo de calidad en el tiempo estipulado:

Sin duda la flexibilidad es la mejor opción. No solo le veo toda la ventaja del mundo, sino que no veo otra opción. No puedes cerrarle el horario a un creativo y luego llegar y decirle que el trabajo termina a las seis, como el sistema anglosajón. No obstante, ¿qué ocurre en otros países? Que los sindicatos te obligan a trabajar unas horas y hay un control mucho mayor. Pero yo creo que aquí eso nunca se ha dado. Si tienes una preproducción por la tarde, la tienes. Si te surge un trabajo y tienes que presentarlo mañana por la mañana, lo preparas por la noche. Claro, no puedes trabajar una noche y otra noche porque llega un momento en el que te fundes. *César García*

1.1. La pérdida de contacto con el mundo exterior

En publicidad, decía el mítico publicista James Webb Young (1960), las ideas nacen de una combinación de conocimientos específicos relacionados tanto con el producto como con el público a quien va dirigido, y de conocimientos generales relacionados con la vida y sus acontecimientos. Es decir, sin un almacén personal rico es difícil crear de modo original y novedoso. Siempre a los profesionales de la comunicación comercial dedicados a la creatividad se les ha aconsejado para alcanzar un estado de incubación e iluminación lanzarse a la caza y búsqueda de la inspiración en autobuses, metros, supermercados, nutrirse con acontecimientos mundanos, con la vida, para alcanzar la idea que solucionará el problema creativo planteado.

Casi todos los directores que dirigen departamentos creativos de agencias creen que el trabajo de cualquier publicitario es un reflejo de lo que se cuece en la calle, y cualquier campaña surge desde ahí. Por tanto, las ideas no surgen por «intuición divina» sino que todo viene de la vida, que está fuera de las cuatro paredes de cualquier oficina. Sin embargo, y parte por lo visto al inicio de este capítulo, desde hace varios años parece que hay una tendencia a perder el contacto con la calle.

> Vivimos en pequeños guetos que son las agencias y nos falta el contacto, debemos ser esponjas. Trabajas para ahí fuera. Si un día pierdes la objetividad sobre el exterior, empieza a pasar lo que a veces sucede: una campaña de publicitarios para publicitarios, en su mundo. Entonces no funciona. Es un riesgo que nosotros intentamos combatir explicándole a la gente, que si tienes mucho trabajo, o tu equipo no da más, simplemente lo dices. El problema es que todo el mundo se queja, pero nadie quiere soltar jamás una cuenta. Antes que soltar una cuenta, si es que se tienen muchas, siempre se pone a más gente que les ayude. (...) La gente acaba haciendo un núcleo un poco cerrado dentro de la agencia. Equipos creativos que van creciendo, se juntan siete u ocho personas y tienen una mini agencia, una microsociedad con su microclima, su microespacio, su micromúsica y su microtodo. Entonces ya no es que no salgan a la calle, es que son distintos al resto de la agencia. Ahora van de modernos, y se visten todos parecidos y solo entran en contacto con un tipo de gente. Hace falta salir a la calle y ver qué pasa, ir a los sitios, oír hablar a la gente. Parece un topicazo, pero hay que escuchar lo que dicen los taxistas, ir al mercado, ir de compras. Es un topicazo, pero es verdad, hay que hacerlo. En general, hay una tendencia a perder ese contacto con la calle y es algo que pasa en todas las agencias solo que algunas lo reconocen y otras no. *Joan Texeidó*

Los horarios de los departamentos creativos provocan que las personas no tengan casi tiempo para zambullirse en la realidad común del mundo cotidiano. El profesional es consciente de la desventaja que supone la organización del tiempo en la agencia. Y algunos reconocen que existe una amenaza para la creatividad, pues se ha llegado a un punto donde la relación con el exterior es en algunos casos mínima. Además, la propia formación de los jóvenes creativos agrava el problema pues en muchos casos desconocen la información diaria que generan los medios de comunicación y de este modo se alejan del resto de la población a la que va dirigida la publicidad:

> Yo creo que el trabajo de cualquier creativo es un reflejo de lo que pasa en la calle, y cualquier campaña surge de algo concreto. Aquí nada surge por intuición divina, sino que todo tiene un reflejo, cualquier película viene de algo, cualquier *spot*. Cualquier cosa viene de algo: músicas, lo que pasa en la calle. Se ha llegado a un punto en el que no se lee el periódico, algo que parece una tontería, pero no lo es. No se ven películas, no se sabe qué hay en la radio. La información es crucial. En este punto, llegamos a otro tema: la que trabaja es gente joven. La media de edad es extremadamente joven y eso lleva a vicios en la formación. Aquí, para un creativo de 25 años, que llega y sale por la noche, el periódico es una tontería. No se trata de saber si han puesto una bomba o no, pero se trata de conocer por dónde van las corrientes. Es decir, hay acontecimientos que son importantes, que tienen una repercusión social tremenda. Si no tienes esta información, estás limitando tu capacidad de adaptarte a una publicidad que está huyendo de la publicidad y busca acercarse a la realidad. Los modelos de la publicidad están desapareciendo, solo quedan en la mala publicidad. La publicidad imita a la vida o intenta acercarse mucho; por tanto, tienes que estar ahí, tienes que verlo. No veo forma de atajar este problema. Yo creo que cada persona tiene que apañárselas para lograr enriquecerse aun con este horario laboral. *Nicolás Hollander*

Los profesionales de la creatividad publicitaria, además de pasar muchas horas de trabajo juntos, tienden a gastar sus horas de ocio al lado de personas relacionadas con la profesión. El círculo se autoalimenta y puede limitar aún más la visión real del mundo. Es decir, cuando el círculo de amistades se limita, se deriva hacia la creación de un pequeño espacio donde los creativos se alejan de la realidad e incluso pueden caer en la tentación de dirigir la creación de sus trabajos hacia la profesión:

> Las profesiones se cierran en sí mismas. Se habla de Hollywood, que es una especie de micromundo que trabaja para sí mismo y que luego le impone al mundo su visión. Hace poco tiempo había un artículo donde se refieren a este fenómeno en el campo del periodismo. O sea, los periodistas están en un micromundo donde se preocupan por sus colegas de profesión: el periodista está muy preocupado por los profesionales del sector que lo leen en otros periódicos. Y muchas veces, el lector queda al margen de esta dinámica, digamos un poco pervertida, de considerar que tu público es aquel que te puede contratar o que puede admirarte o criticarte, etc. En la publicidad sobre esto se habla muchísimo, porque siempre ha existido esa crítica desde fuera; o a veces autocrítica de nosotros mismos. Creo que de ese debate no sé cómo sacar algo claro. Evidentemente, sí que hay esas fuerzas centrípetas y que tam-

bién se van produciendo muchos movimientos correctivos de un lado y del otro, y que van colocando las cosas en su sitio. *Enrique González*

Paradójicamente, las agencias en general, no otorgaron ninguna solución puntual para erradicar la pérdida de contacto que los creativos presentan ante el mundo. Para Alex Ripollés, el propio subconsciente de los profesionales radica esta situación siendo más receptivos que el resto de la población cuando se mueven fuera de la agencia. Una opinión que comparte Toni Segarra:

> Supongo que tiene que ver con la personalidad del creativo. Aquí todo el mundo ha visto la última película, todo el mundo está al tanto de la última *web*, todo el mundo está al tanto del último bar de copas, etcétera. La gente se fija en los pequeños detalles y luego, cuando ves la publicidad, yo no creo que haya ido a menos, sino a más. Cada vez ves más sutileza en el arte de conectar con las cositas del día a día. Por tanto, la pregunta me parece una paradoja.

Sin embargo, desde hace pocos años hay un mundo paralelo donde formas de expresarse, pensamientos, tendencias, preocupaciones vitales y aficiones quedan plasmadas, registradas: Internet. Una acera, un autobús, un supermercado en la red. Internet resulta hoy una herramienta imprescindible para el creativo y la red ofrece infinitas opciones para informarse, observar la realidad, inspirarse. Solo hay que saber dónde, y no enredarse en búsquedas y navegaciones sin sentido cuyo resultado es una absoluta pérdida del tiempo. También, la agencia es un entorno donde siempre circula información y lo que antes se hablaba y comentaba en los pasillos, ahora incluso tiene un lugar a través de *blogs* creados por la propia agencia. No obstante, el creativo absorbe con mayor rapidez aquello que sucede en su entorno porque es consciente de la importancia de tener un vasto almacén interior para luego usarlo en los momentos de idear conceptos:

> (...) Creo que sería interesante pasar más tiempo absorbiendo lo que se vive en la calle, en los bares, en taxis, autobuses, exposiciones y en todos lados, pero esto es lo que hay. La profesión obliga a hacer las cosas de este modo. Supongo que para compensarlo, también de modo inconsciente, cuando sales absorbes mucho más de la calle que alguien que no trabaje en publicidad. Somos más receptivos a lo que ocurre fuera, o por lo menos me gustaría pensar que es así. En realidad, nuestro horario es exigente y trabajamos encerrados en la agencia muchas horas, pero no más que en cualquier otra profesión. Nuestros clientes no tienen un horario mejor, y esto me hace pensar que no somos tan especiales en ese sentido. *Alex Ripollés*

La situación del mercado, las presiones del cliente, la idiosincrasia de los creativos e incluso la mitificación del trabajo publicitario a altas horas de la noche son algunas de las causas detectadas que provocan el caos absoluto en los horarios de las agencias. Por supuesto, ante el presente panorama la única y más sensata solución se centra en la flexibilidad de los horarios oficiales. No obstante, no deja de ser un grave problema que influye sobre la calidad de los trabajos. La publicidad es el reflejo de la vida y los creativos poco a poco se están alejando de ella, aunque Internet esté siendo un magnífico salvavidas. Las agencias, los clientes y terceras personas deben intentar respetar los horarios oficiales pues beneficiará a la creatividad y, por tanto, a sus intereses.

BIBLIOGRAFÍA

Aaker, D. and J. G. Myers (1985). *Management de la publicidad*. Barcelona: Hispano Europea.

Amabile, T. M. (1983). *The Social Psychology of Creativity*. New York: Springer-Verlag.

— (1988). A model of creativity and innovation in organization. *Research in organizational behavior*, Vol. 10, edited by B. M. Staw and L. L. Cummings. Greenwich Conn: JAI Press, 123-167.

Amabile, T. M. (1988b). From individual creativity to organizational innovation. *Innovation: A crossdisciplinary perspective*, edited by K. Gronhaug and G. Kaufmann. Oslo: Norwegian University Press.

— (1996). *Creativity in context: Update to The Social Psychology of Creativity*. Boulder, CO: Westview.

— (1998). How to Kill Creativity. *Harvard Business Review*, Sep-Oct, 77-87.

Aznar, Guy (1974). *La creatividad en la empresa*. Barcelona: Oikos-Tau.

Beard, F. (1996). Marketing client role ambiguity as a source of dissatisfaction in client-ad agency relationship. *Journal of Advertising Research*, 36 (5), 9-19.

Bengston, Timothy A. (1982). Creativity's Paradoxical Character: A Postscript to James Webb Young's Tecnique for Producing Ideas. *Journal of Advertising*, 11 (March), 3-9.

Browne, David (1992). Why Award Nights Venture Into Virtual Reality. *B&T*, July 31.

Bullmore, Jeremy (1990). Encouraging creative people to do their best. International Journal of Advertising, 9(1) en <url:http://www.warc.com>, 18 de octubre de 1999.

Capon, Noel and Debra Scammon (1979). Advertising Agency Decisions: An Analytic Treatment. *Current Issues and Research in Advertising*, 35-52.

Davidson, Sinclair and Dimitri Kapelianis (1999). Towards an Organizational Theory of Advertising: Agency-Client Relationships in South Africa. *International Journal of Advertising*, 15, 48-60.

de los Ángeles, Juan (1996). *Creatividad Publicitaria: Concepto, Estrategias y Valoración*. Pamplona: Eunsa.

Dowling, Grahame R. (1994). Searching for a New Advertising Agency: A Client Perspective. *International Journal of Advertising*, 13, 229-242.

Ewing, Michael T., Tanya M. Pinto and Geoffrey N. Soutar (2001). Agency-client chemistry: demographic and psychographic influences. *International Journal of Advertising*, 20 (2), 169-187.

Feldwick, Paul (1997). Agency, client and researcher: the eternal triangle? Admap (June) en <url:http://www.warc.com/print/4709p.stm>, 11 de octubre de 1999.

— (1998). A brief guided tour throug the copy-testing jungle. Admap (January) en <url:http://www.warc.com>, 11 de octubre de 1999.

Flandin, M. P., E. Martin and L. P. Simkin (1992). Advertising Effectiveness Research: A Survey of Agencies, Clients and Conflicts. *International Journal of Advertising*, 11, 203-214.

Fletcher, Wiston (1973). *The Ad Markers*. London: Michael Joseph.

— (1990). The Management of Creativity. *International Journal of Advertising*, 9 (1).

— (1994). *How to capture the advertising high ground*. United Kingdom: Century Limited.

— (1999). *Advertising, Advertising. It's good for you*. London: Profile Books.

— (1999b).*Tantrums and Talent*. United Kingdom: Admap Publications.

Forbes, Thomas (1994). Re-engineering the advertising agency. American Association of Advertising Agencies (Spring) en <url:http://www.warc.com/fulltext/AAAA/6025.htm>, 11 de octubre de 1999.

Haines, Bruce (1997). Managing creatives. In Leslie Butterfield (Eds.), *Excellence in Advertising* (pp. 189-198). Oxford: Butterworth-Heinemann.

— (1997b). Evaluating the creative process: ways to improve the result. Admap (November) en <url:http://www.warc.com>, 13 de octubre de 1999.

Hirschman, Elizabeth C. (1989). Role-Based Models of Advertising Creation and Production. *Journal of Advertising*, 18 (4), 42-53.

Hotz, Mary R., John K. Ryans, Jr. and William L. Shanklin (1982), Agency/Client Relationships as Seen by Influential on Both Sides. *Journal of Advertising*, 11 (March), 37-34.

Hunt, Shelby D. and Lawrence B. Chonko (1987). Ethical Problems of Advertising Agency Executives. *Journal of Advertising*, 16 (4), 16-24.

Joannis, Henri (1996). *El proceso de creación publicitaria*. Bilbao: Deusto.

Jones, John Philip (1999). *The advertising business. Operations, creativity, media planning, integrated comunications*. London: Sage.

Katzenbach Jon R. and Douglas K. Smith (1991). The Discipline of Teams. *Harvard Business Review*, March-April, 111-120.

Kliatchko, Jerry (2005). Towards a new definition of Integrated Marketing Com-
munications (IMC). *International Journal of Advertising*, 24 (1), 7-34.

Kover, Arthur J. (1996). Why copywriters don't like advertising research - And
What kind of research might they accept. Journal of Advertising Research
en <url:http://www.warc.com/print/6205p.stm>, 11 de octubre de 1999.

Kover, Arthur J. and Stephen M. Goldberg (1995). The Game Advertising Copywriters Play: Conflict, Quasi-Control, A New Proposal. Journal of Advertising Research en <url:http://www.warc.com>, 9 de noviembre de 1999.

Larson, Charles U. (2001). *Persuasion: Reception and Responsability*. Australia:
Wadsworth.

Law, Ian (1986). *Is your advertising budget wasted?* New York: Reinhold Publishing Corporation.

Leonard, Dorothy and Susaan Straus (1997). Putting your company's whole brain
to work. *Harvard Business Review*, July-August, 111-121.

Marshall, Roger and Woon Bong Na (1994). The Advertising Agency Selection
Process. *International Journal of Advertising*, 13, 217-227.

Mayle, Peter (1990). *Up the Agency*. London: Pan Books.

McNamara, Jay (1990). *Advertising Agency Management*. USA: Dow Jones-
Irwin.

Meiklejohn, Vicent (1997). How to get the best out of creative. Admap (November) en <url:http://www.warc.com/print/5614p.stm>, 16 de septiembre de
1999.

Miln, David (1995). Creativity from Profit. Admap (July) en <url:http://www.
warc.com>, 23 de octubre de 1999.

Moles, Abraham (1968). *Information Theory and Esthetic Perception*. Illinois:
University of Illinois Press.

Mondroski, Marcia M., Leonard N. Reid and J. Thomas Russell (1983). Agency
Creative Decision Making: A Decision System Analysis. *Current Issues and
Research in Advertising*, 1, 57-69.

Polonsky, M. J. and David S. Waller (1995). Does Winning Advertising Awards
Pay?: The Australian Experience. Journal of Advertising Research, January-
February, 25-35.

Poltrack, Terence (1991). Stalking the Big Idea. American Associations of Adver-
    tising Agencies (Spring) en <url:http://www.warc.com>, 15 de noviembre
    de 1999.
Rainey, M. T. (1997). In the wrong business, or getting the business wrong? Ad-
    map (December) en <url:http://www.warc.com/print/5370p.stm>, 11 de
    octubre de 1999.
Raudsepp, E. (1987). Establishing a Creative Climate. *Training and Development
    Journal*, 41, 1, 50-53.
Ricarte, José M. (1998). *Creatividad y Comunicación Persuasiva*. Barcelona: Al-
    dea Global.
Ring, Jim (1993). La publicidad a debate: Cómo conseguir de su agencia los me-
    jores resultados. Barcelona: Folio.
Rotzoll, Kim B. and James E. Haefner (1990). *Advertising in Contemporary So-
    ciety*. Cincinnati: South-Western.
Salz, Nancy L. (1988). *How get the best advertising from your agency*. United Sta-
    tes: Dow Jones.
Schweitzer, John C. and J. B. Hester (1992). The importance of Winning Adverti-
    sing Award Shows. *Southwestern Mass Communication*, 7, 1, 55-66.
— (1992). The importance of Winning Advertising Award Shows. *Southwestern
    Mass Communication*, 7, 1, 55-66.
Sharma, Anurag (1997). Professional as Agent: Knowledge Asymetry in Agency
    Exchange. *Academy of Management Review*, 22 (3), 9-38.
Simberg, Alvin L. (1971). Los obstáculos a la creatividad. En Davis, Gary A. y
    Joseph A. Scott (Ed.), *Estrategias para la creatividad, 1992* (pp. 123-145).
    Buenos Aires: Paidós.
Singer, Milton (1982). Personal and Social Identity in Dialogue. In Benjamin Lee
    (Ed.), *Psychosocial Theories of the Self*. New York: Plenum.
Sorrell, Martin (1997). Beans and pearls - The end of either/or? Admap (March)
    en <url:http://www.warc.com/print/4682p.stm>, 11 de octubre de 1999.
Steel, Jon (1998). Verdades, Mentiras y Publicidad. Madrid: Eresma&Celeste
    Ediciones.
Taylor, E. Ronald, Mariea Grubbs Hoy and Eric Haley (1996). How French Ad-
    vertising Professionals Develop Creative Strategy. *Journal of Advertising*, 25
    (1), Spring, 2-14.
Wackman, Daniel B., C. T. Salmon and C. Salmon (1986). Developing an Adver-
    tising Agency-Client Relationship. *Journal of Adverting Research* , 26, 6,
    21-28.
West, Douglas C. (1999). 360 of Creative Risk. *Journal of Advertising Research*,
    January/February, 39-50.

White, Roderick (1997). *Advertising, what it is and how to do it*. England: McGraw-Hill Publishing.

Williams, Wendy M. and Lana T. Yang (1999). Organizational Creativity. In R. J. Sternberg (Ed.), *Handbook of Creativity* (pp. 373-391). Cambridge University Press.

Wills, James R. (1992). Winning New Business: An Analysis of Advertising Agency Activities. *Journal of Advertising Research*, 32, 5, 10-16.

Wintringham, Arthur B. (1971). El Rol de la Gerencia en un Clima Creativo. En Gary A. Davis y Joseph A. Scott (Ed.), *Estrategias para la creatividad* (344-354). Buenos Aires: Paidós.

Young, James B. (1960). *A Tecnique for Producing Ideas*. Chicago: Crain Books.

ENTREVISTAS

ALEX RIPOLLÉS

¿Cuál es su horario de trabajo?

Desconozco si existe un horario oficial. Sé que entramos a las 9 y teóricamente paramos a comer de 14 a 15:30. Después, nunca sé cuándo voy a irme.

Demasiadas horas en la agencia

Sí, es verdad. Creo que sería interesante pasar más tiempo absorbiendo lo que se vive en la calle, en los bares, en taxis, autobuses, exposiciones y en todos lados, pero esto es lo que hay. La profesión obliga a hacer las cosas de este modo. Supongo que para compensarlo, también de modo inconsciente, cuando sales absorbes mucho más de la calle que alguien que no trabaje en publicidad. Somos más receptivos a lo que ocurre fuera, o por lo menos me gustaría pensar que es así. En realidad, nuestro horario es exigente y trabajamos encerrados en la agencia muchas horas, pero no más que en cualquier otra profesión. Nuestros clientes no tienen un horario mejor, y esto me hace pensar que no somos tan especiales en ese sentido.

¿Cómo se puede resolver este problema tan extendido en la profesión?

No sé, quizá el proponernos respetar el horario oficial. Creo que mejoraría nuestra calidad de vida. Hay veces que te agobias mucho estando todo el día entre cuatro paredes y te vendría bien un poco de aire. Con un cambio de horario viviríamos mejor, disfrutaríamos de más tiempo libre y no creo que el trabajo se resintiese tanto. No obstante, me gusta pensar que, a pesar de no tener todo el contacto con el exterior que podría ser necesario, estamos al día en lo que se lleva, lo que se hace, las tendencias.

Horarios fantasmas, estrechos plazos de entrega, ¿demasiada presión en el trabajo diario?

Desde luego, esta profesión se ha ido estresando. Yo llevo casi unos dieciséis años trabajando y lo he notado. Siempre ha sido estresante, pero el estrés ahora va en aumento. Los términos, el tiempo para realizar el trabajo, los medios económicos, todo se ha ido reduciendo. Hay que hacerlo todo para mañana porque habría que haberlo hecho para ayer, y si en lugar de para mañana, puede ser para esta tarde, mucho mejor. El cliente ha ganado tanto poder que exige y exige. Hace poco estuve en un seminario en donde el director creativo de Euro RSCG Londres dijo que para hacer una buena campaña es necesario disponer de cinco semanas. Lo dijo como un número mágico, como el período necesario para poder empezar a tener ideas, agotarse y guardarlas para después desarrollar una buena campaña. En mi caso, muchas veces me gustaría tener al menos cinco días.

¿Perjudicará a la calidad creativa?

Sin duda que va en detrimento. Para hacer un buen trabajo son necesarias cinco semanas. Pero como pocas veces disponemos de tanto tiempo, nos conformamos con los resultados que damos en relación al tiempo de trabajo disponible. Esto no tiene solución. No se puede cambiar. La dinámica general de la economía, de la rivalidad entre marcas, el «ellos han hecho esto, nosotros tenemos que hacer lo otro para reaccionar» es una constante. Por ejemplo, *Peugeot* ha ganado el campeonato del mundo de rally. Esta tarde tenemos que presentar un anuncio, porque mañana hay que entregar los originales y pasado mañana sale en la prensa. No se puede esperar cinco semanas porque para entonces habrá empezado el próximo campeonato del mundo. No obstante, he comprobado que algunas veces la presión te estimula y te hace rendir mucho más. Cuando tienes cinco semanas te duermes y no reaccionas hasta que la presión del tiempo te acelera. Uno sabe que no tiene presión y se acomoda, mientras que cuando uno se ve presionado por el tiempo, saca recursos de donde sea. También, por supuesto, nos podemos bloquear.

¿De qué manera afronta un bloqueo creativo en tus equipos?

En las agencias grandes que cuentan con un equipo de 20 ó 25 creativos no pasa nada. Cuando alguno está bloqueado, el resto no. La agencia grande tiene recursos suficientes. Es como un equipo de fútbol en el que se lesiona uno y se echa mano del banquillo. En una agencia pequeña no hay banquillo. Entonces, si estás lesionado, lo siento, hoy también hay que marcar goles. Cuando ocurre el bloqueo, es un bloqueo de la creatividad espontánea, fresca, nueva, que se suple con oficio. Y esto es la experiencia: proponer otra alternativa digna que el cliente aprobará.

¿Cómo es la relación con el cliente?

Depende de cómo sea el cliente. Normalmente los grandes clientes ralentizan y dirigen mucho el trabajo. Es un proceso mucho más elaborado y sofisticado que afecta al resultado para ellos, positivamente, pero para la frescura de la creatividad, negativamente. Por lo general, esto se hace para evitar riesgos. Cuanto más grandes son las empresas, menos riesgos quieren asumir. Cuanto más pequeñas son las empresas, mayores son los riesgos a asumir si realmente quieren hacer algo importante. Una empresa grande te dice: «Vamos a anunciar este producto. Este es el *briefing* pero no nos vais a presentar un *spot*. Nos vais a presentar una serie de *kit visuals* –la pluma que cae volando sobre el montón de toallas, la máquina de tren mientras oímos *Wipp Express*– independientemente del tipo de *spot*, con qué historia, con qué estilo, qué duración o qué medios utilices». En definitiva, están dirigiendo tu trabajo. Pero no solo te están diciendo lo que necesitan, cómo es el producto o cómo creen que deberías comunicarlo, sino que te están diciendo la forma en que tienes que pensar. El siguiente paso es: «Preséntanos unas frases o imágenes que definan un mensaje, una historia, un beneficio con el que creáis que se puede relacionar ese producto». En definitiva, te están diciendo cómo tienes que pensar y poniendo cortapisas a la creatividad. Cuando ese proceso está acabado, hay que elaborar unos guiones para poner en marcha la campaña. Todo es muy lento, como una «pista americana» de la que no puede salir nada fresco y espontáneo. El proceso continúa presentando los guiones que se convierten en *story*. El *story* se retoca las veces que haga falta antes de probarlo. Finalmente se hace un *animatic* y cuando lo presentas al realizador para hacer la película, te preguntas cómo has podido llegar hasta ahí. El cliente pequeño, al contrario, deja todo en tus manos.

¿Quién es el cliente ideal?

Nike. Llegó a mis manos el *briefing* que le pasó el «*Sr. Nike*» a la agencia *Wieden + Kennedy* en Oregon, Portland. Y era el más raro que he visto en mi vida. Era una página en la que no hablaba de beneficio, tono de comunicación o riesgo, sino que decía: «Quiero que los creativos que trabajen para mí suden sangre, quiero que les salgan ampollas en las manos y en los pies como a los atletas a los que se dirigen nuestros productos, quiero que sepan no solo quien es Karl

Malone o Carl Lewis, sino que conozcan y vivan sus sufrimientos, sus ilusiones, sus deseos, que se empapen de lo que es el auténtico deporte de competición. Quiero que la agencia que trabaje para mí demuestre en sus campañas que lo que yo hago para mis deportistas ellos lo hacen para mí. Que hagan campañas al extremo». Y de este modo salieron y siguen saliendo las campañas que conocemos de *Nike*.

No existen relaciones sin conflictos. ¿Qué entorpece la relación entre el cliente y la agencia?

Yo creo que el miedo. La sensación de riesgo, que se resume en que el cliente tiene un dinero que la agencia utiliza. Es muy fácil utilizar el dinero de otro. La agencia propone de modo arriesgado porque no se gasta ni un duro y al cliente le da miedo todo lo que le proponen porque todo el dinero sale de su bolsillo y hay que justificarlo. Si realmente se confiara en la experiencia, criterio, calidad de la agencia, no habría la necesidad de testar nada. En definitiva, si testan un anuncio es porque no confían. Hubo una época en que la agencia proponía y el cliente aceptaba. Una segunda época en que la agencia proponía y el cliente pedía más soluciones. La agencia seguía proponiendo y el cliente acababa decidiendo. Pero, con todo esto, lo que ocurrió es que la agencia cedió el criterio al cliente: fue una manera de dejarlo decidir. Cuando el cliente se dio cuenta de que le habían cedido el criterio y él no lo tenía, intentó buscar a alguien que se lo proporcionara, que es el consumidor. A partir de entonces se testa todo. De la agencia lo que quieren son ideas. Proponemos ideas, el cliente las escoge, las toma y deja que el consumidor elija la que le gusta. No confían en la agencia, sino en el consumidor.

Y las ideas, ¿de dónde las obtienen?, ¿dónde se inspiran?

Libros de publicidad, revistas y conversaciones. Una vez que tienes el mensaje piensas en cómo transmitirlo al consumidor. Entonces comienza un período de análisis. Ves cómo se han hecho cosas, diferentes estilos, modos de decir, pero sin la hoja de papel delante. Cuando los has analizado, cierras los libros y te pones delante el folio en blanco, y aquello que has leído y mirado, probablemente, te ha calado y te ayudará a que la idea fluya.

¿El entorno físico influye a la hora de crear?

Creo que cualquier trabajador necesita un entorno cómodo, ya sea publicitario, banquero o mecánico. Cualquiera lo necesita, es una cuestión psicológica. Necesitamos estar cómodos allí donde pasamos más horas al día. Creo que sí, es bueno tener un entorno especial, pero todos lo pueden ser de alguna forma. Aquí en la agencia es cómodo, agradable y relajante. Muchas veces, en cambio, pienso que trabajaría mejor en medio del Paseo de Gracia, la Plaza Cataluña o Las Ramblas, con tanta gente, ruidos y más estímulos. Creo que depende de la ocasión, de tu estado de ánimo, hay veces que te viene bien la soledad, el silencio; otras, en cambio, prefieres el ruido, oír la gente, risas, todo depende. Tampoco es cierto aquello de que la creatividad surge como a los artistas. La creatividad sale cuando la provocas, y provocarla es pasarse horas y horas delante de un papel en blanco o hablando y hablando con otras personas o obsesionándose con un problema. Entonces puede salirte en la ducha, cuando te despiertas, en el autobús, o suele pillarte delante de la hoja en blanco, porque es donde pasas más rato.

Decías «horas y horas hablando con personas». Las personas son el principal activo de las agencias, ¿qué se busca a la hora de contratar?

Se trata de rodearte de una gente con la que te sientes cómodo, con unos mismos intereses, que les guste la publicidad tanto como a ti, que tengan el mismo afán de mejorar y de no conformarse, que si es posible, dejen el ego aparcado en el garaje antes de entrar en la agencia. Esos son algunos de los criterios a la hora de escoger gente. Nosotros, por presupuesto y tamaño, tenemos que fichar gente muy joven, gente en la que descubres un potencial increíble pero aún por explotar, gente con ganas de empezar. No lo comento como un inconveniente, sino como una filosofía diferente. Es una dificultad encontrar a un *crack* entre personas que todavía no han demostrado nada, pero cuando lo encuentras es muy bueno porque, además, aún no han desarrollado su ego. Es gente joven de 23, 24 ó 25 años, que a lo mejor aún está estudiando o acaban de salir de una escuela de diseño y publicidad. Aún no saben, no ya lo que es una agencia de publicidad, sino lo que es el mundo de la empresa. Entran y se les trata muy bien, se les intenta presentar al resto del equipo, y los primeros trabajos que se les encomiendan suelen ser de poco riesgo para que vayan cogiendo confianza. Hablando en términos futbolísticos, nosotros, por tamaño, somos un poco como Villarreal, el Numancia o el Alavés: somos pequeños pero estamos en Primera División y competimos contra el Barça, Real Madrid o el Valencia. Tenemos un presupuesto pequeño, ellos tienen uno muy grande. Nosotros podemos fichar a profesionales que hemos ido encontrando y que tienen un potencial brutal, siendo conscientes de que cuando exploten nos lo van a fichar los grandes. Los grandes pueden fichar a *cracks* de Brasil o Argentina, pero competimos por el mismo trofeo, vamos a por la misma Liga. Hay menos egos en el Villarreal, el Numancia o el Alavés, en el vestuario nos lo pasamos muy bien mientras que en el Real Madrid o Barça hay bofetadas, celos, envidias y al entrenador se le echa cada dos por tres. Me parece un buen ejemplo porque es lo que ocurre aquí.

¿Qué criterios usa a la hora de formar las duplas?

Depende un poco de lo que encuentre. Si a lo mejor hay un redactor muy tímido y callado, sería interesante ponerle con alguien que no lo sea, y compensar. Por otro lado, también piensas: «Si ese tiene demasiado desparpajo igual lo que hace es eclipsar al otro».

Las duplas creativas suelen ser comparadas con los matrimonios. ¿Cuáles son los conflictos más habituales en la «pareja»?

Suelen ser problemas de ego. Cuando lo detecto intento cortarlo de raíz. Depende del caso y de lo que ocurre. Cuando veo que un ego acaba de despuntar le pego para que se esconda otra vez. A lo mejor aparto a esa persona y le hago ver que el comentario que ha hecho no estaba provocado ni por un interés para mejorar el trabajo, ni por un deseo de servir mejor al cliente, ni por una intención de mejorar la bobina de la agencia, sino por una intención exclusiva de resaltar su ego personal.

¿Cómo lo soluciona?

Se resuelve más fácilmente aquí que en otros sitios. Yo siempre tomo el argumento de que lo que salga, me da igual quién lo haya dicho, me da igual de quién haya surgido la idea, la idea es de todos. Pero puede ser de todos porque somos pocos. En una agencia grande es imposible democratizar las ideas de esa forma. En una agencia que tiene 30 creativos, las ideas salen de un sitio y se quedan allí: en la otra esquina de la oficina ni siquiera se enteran. Pero en una agencia pequeña es muy fácil hacer que cualquiera se sienta partícipe del resultado final. Y eso es muy agradable y cómodo. Porque aunque solo haya dicho «¿y si hacemos esto?», «¿y si esta palabra la hacemos más corta?», «¿y si la ponemos en plural?», es suficiente para que cualquiera se sienta partícipe.

Algún consejo para mantener a todos los matrimonios felices y contentos.

Creo que este tipo de cosas, la dirección o gestión, hay que demostrarlas con el ejemplo. Por ejemplo, cuando a mí se me ocurre una idea, no ando vanagloriándome, sino que consulto: «Mira lo que se me ha ocurrido. ¿Qué te parece?» Y escucho la opinión y la valoro y tengo en cuenta. A mí me interesan las opiniones de todo el mundo porque nadie está en posesión de la absoluta verdad. Yo creo que todos tenemos una porción de verdad, algunos más que otros por calidad, experiencia, práctica con el cliente, sensibilidad o por lo que sea. Pero todos, desde la señora de la limpieza hasta el director general poseemos un trozo de verdad, y a mí me interesa la del director general y también la de la señora de la limpieza.

¿Qué motivaciones hace que un creativo siga trabajando tantas horas?

Yo creo que todos trabajamos por dinero. Pero aparte de eso, y sobre todo cuando tienes en cuenta que hay gente que no cobra lo que se merece o lo que le darían en otro sitio –pero se queda y no se va–, es porque existen otros motivos. Lo que antes te decía del ambiente es un motivo importante: son muchas horas las que pasamos aquí y tienes que disfrutar con lo que haces. Y aquí la gente disfruta, o al menos intento que disfruten el máximo posible. El reconocimiento en cuanto a premios o aparecer en revistas del sector son otros factores que explican el sacrificio de tantas horas de trabajo. Ocurre aquí y en todas partes. Intento que ese reconocimiento sea como grupo. No «yo he ganado esto», sino «lo hemos ganado entre todos». Desde el primer día que entré aquí me dije: «Tenemos que esforzarnos para hacer un buen trabajo. Porque cualquier trabajo que salga de cualquiera de los despachos será *book* para la agencia y el *book* de la agencia es el *book* de cada uno de nosotros». Si uno tiene intención de hacerse un buen dossier de anuncios propios se tiene que esforzar para que los de la agencia sean buenos porque el *book* de la agencia es el propio. Yo puedo enseñar los anuncios que ha hecho esta agencia en el último año y medio de la misma manera que el redactor, el director de arte, porque todos hemos participado. De una u otra forma, cualquiera de nosotros se puede sentir autor de ese trabajo. Es verdad que hemos ganado festivales, pero siempre es un logro colectivo. Si cada uno quiere una copia del premio para colgárselo en casa o para poner en su currículum tiene todo el derecho del mundo porque es de todos.

¿Cómo evalúa los trabajos?

Es difícil. Te diría que es casi más difícil contestar a esta pregunta que evaluar un trabajo. Muchas veces no sabes el porqué. Yo tengo un criterio. Sé que una idea es buena cuando me levanto sin querer y empiezo a pasear y me pongo nervioso. Me excito. Estuve muchas horas sentado, pensando y, de repente, hay una idea que me doy cuenta de que vale, me levanto, es como una reacción física. La idea que es buena es aquella que te hace sonreír, no porque sea un chiste. Sonríes porque provoca tu inteligencia, porque no la has visto antes o porque a lo mejor te recuerda ideas que te habían sorprendido y agradado en otras ocasiones, propias o ajenas, porque las encuentras estimulantes y diferentes. Tienes una cierta sensibilidad para saber que gustará, provocará, estimulará a quien lo tenga que leer o escuchar. Ese es el criterio. No es una lista de normas en las que dices «tiene esto, esto y esto y ya es buena la idea». El criterio intuitivo te lo da los años de ir empapándote de buenos anuncios. Normalmente, al final son ideas que comunican de forma muy simple, muy directa. Son un mensaje.

¿Qué tipo de ideas creativas admira?

A mí me gustaría distinguir entre la idea y la forma. Muchas veces la publicidad, como tantas cosas en esta vida, está tan impregnada de forma que la idea, el fondo, queda disimulado, oculto. Parece que la idea tiene que decir: «Yo soy la idea, todo lo demás es estética, tendencia formal, el tono». A mí lo que me interesa es lo que hay detrás, lo otro es pura forma.

¿Qué exige cuando tus equipos le presentan sus propuestas al briefing?

Si te fijas en lo que te acabo de decir, solo pasará aquello que, independientemente de la forma que tenga, tiene una buena idea. Esto es lo que siempre exijo. Después, que la forma sea una u otra, no importa si es actual, moderna o si participa en las nuevas tendencias. Yo, ante todo, quiero una idea. La idea es esa frase, ese contenido, ese concepto que sale después de la reflexión. Es muy fácil poner a un elefante haciendo la vertical en un anuncio para sorprender, ya ves que creativo. Yo he conocido personas que eran muy ocurrentes, el típico colega, amigo o conocido con el que sales en grupo a tomar unas copas. Siempre hay uno que es el líder porque es el más simpático, el que gasta las bromas constantemente y se convierte en el líder del grupo. Muchas veces esa persona es brillante con sus ocurrencias, pero esa misma persona delante de un folio en blanco con la tarea de comunicar y expresar una idea y convencer a alguien, es incapaz. No es ocurrencia o forma, son ideas de venta, ideas que te hacen pensar algo nuevo.

¿Cuáles son las carencias en la formación del creativo publicitario?

Yo creo que esta es una profesión en la que uno se forma trabajando. Tengo la impresión de que difícilmente se puede enseñar esta profesión, enseñar a pensar de una forma determinada. La única manera de formarse es trabajando. De eso no era consciente mientras estudiaba, soy consciente hace unos años. Y no porque el plan de estudios que seguí fuera malísimo, sino que tengo la impresión de que esta es una profesión en la que la práctica, no es que sea más importante que la teoría, sino que la práctica lo es todo. Solo se aprende a hacer haciendo. Quizá te pueden enseñar cosas concretas, pero trabajando y viendo cómo lo hacen los que realmente saben –que están casi todos fuera– es como realmente aprendes. Hace un año compré un libro escrito por un creativo que trabajó en *Fallon McElligott* que se llama Luke Sullivan. Es un creativo prestigioso, no es el director creativo de la agencia, sino un redactor, que quizá tenga cuarenta años, y que compagina su trabajo en la agencia de publicidad con el de dar conferencias y clases. Me había leído un artículo suyo y cuando me enteré de que había escrito este libro, lo compré. Está en inglés, pero me gustaría que lo tradujesen al castellano para comprarle uno a cada compañero porque me parece imprescindible. Se llama «*Hey Whipple, Squeeze This*» y he aprendido más con este libro que con mis cinco años de carrera. Aprendí mucho con ese libro, a pesar de que ya llevo más de quince años de profesión, porque me enseñó y me confirmó muchas cosas. Me parece un libro genial. Ahora mismo estoy leyendo otro muy bueno también, pero menos práctico y gráfico, y mucho más teórico e intelectual. Se llama «*Cutting Advertising*» de Aitchison, un creativo de Singapur. Más que un libro de autor es un compendio de reflexiones de grandes publicitarios de todos los tiempos. Escribe de cosecha propia pero reúne comentarios de varios creativos y profesionales famosos del mundo. Está muy bien, pero me quedo con el primero. Hasta he pensado en traducirlo yo y así ganarme algo de *pasta* porque me parece el mejor libro de publicidad que ha caído en mis manos.

ANTONIO FERNÁNDEZ

¿Asume el cliente propuestas creativas arriesgadas?

Hay diferentes tipos de cliente, pero la gran mayoría asume el riesgo creativo porque, en definitiva, se dan cuenta de que una idea creativa vende más que otra que no es. Y esto es algo que todo el mundo sabe en la calle y es *vox populi*. El cliente es una persona que tiene vida privada, una familia y ve la televisión, va al cine y entonces tiene la capacidad de ver qué idea es más interesante o popular, o más notoria.

¿Cuáles son los conflictos más habituales durante la relación?

El principal es cuando el cliente pierde el respeto a la agencia, y suele ocurrir. Existen momentos donde el cliente y la agencia entran en un estado de desidia, exceso de confianza, donde por motivos desconocidos el cliente pierde el respeto por la agencia e impone su criterio profesional y consigue que el trabajo sea mucho más duro y mucho más difícil y casi siempre mucho peor. Y esto, por desgracia, ocurre y ocurre bastante a menudo.

También sucede que todo el mundo, en teoría, sabe de publicidad, sabe escribir, tiene ideas en la cabeza y hay clientes que tienen ideas preconcebidas en la cabeza y no son capaces primero de contártelas a ti, y luego, ni nosotros somos capaces de descifrárselas. Simplemente te hacen modificar constantemente el trabajo hasta que llegas a lo que él deseaba al principio. Otro problema surge cuando hablas con gente sin poder de decisión que hacen que se pierda comprensión e información cuando se lo comunican a sus superiores. En todos estos casos, lo mejor es romper la relación pues se crean hábitos y vicios que no son buenos ni para el cliente, ni para la agencia ni para nadie. Al llegar a este punto lo mejor es cortar la relación y que cada uno vaya por su lado: el cliente busca una nueva agencia o la agencia busca otro cliente.

¿Y los plazos de entrega?

Cada vez es peor. Hay cada vez menos clientes comprensivos y también es un defecto de toda la estructura de la agencia donde incluso no se dice al cliente que no se va a llegar a una fecha. Muchas veces se comete el error de no intentar conseguir algún día más para entregar una buena campaña. De todos modos, los *timings* son cortos, y hay un tiempo concreto para que salga la campaña, para mí, en torno a una semana. También con plazos de un mes, se produce el efecto de trabajar solo los últimos quince días. Lo que está claro es que no se puede hacer una campaña en cuarenta y ocho horas. Saldrá, pero no saldrá bien.

¿Hay solución?

No. Cuando viene un cliente que tiene un problema y te dice que debe resolverlo pasado mañana porque el mercado lo demanda, tú puedes decirle que es imposible. Quizá, el cliente se larga a la agencia de al lado, y dicen que sí. Al final, no tienes más remedio que aceptar. La solución es complicada, sobre todo en este país.

¿Cómo estructuraría el horario de trabajo del departamento creativo?

Yo te diría, y esto es muy personal, que el departamento creativo no puede tener un horario fijo. Es decir, un creativo no puede entrar a las ocho y marcharse a las tres o a las cinco. Lo que tienes que pedir a un creativo, como a cualquier otro profesional, es que sea responsable y lo lógico es que si necesitas trabajar una noche, o un fin de semana, te quedes. Aquí, por tanto, lo que existe son horarios muy flexibles, pero lo más importante es que el trabajo salga dentro de las fechas y salga bien. Eso es lo único que exigimos, un nivel de calidad alto en cualquier trabajo y responsabilidad.

La agencia, como espacio físico, ¿es un buen lugar para la ideación?

Parto de la base de que el proceso de creación tiene que ser aislado. Y en la agencia, las puertas, los teléfonos impiden que te concentres y entonces yo no tengo ningún problema cuando un equipo creativo me dice que se van cuarenta y ocho horas para crear una campaña.

Por tanto, el entorno creativo de la agencia no es el más adecuado para la creación.

Desde luego, para crear no es el más adecuado. Hay un trabajo de elaboración que se puede hacer en la agencia. Pero para el proceso de creación desde cero, creo que es mejor salir. Quizá es un problema del entorno y la estructura de la agencia. También sería muy cómodo si todos trabajáramos en casa, pero está claro que en el mundo de la comunicación es muy importante que todos nos veamos y estemos en contacto. Yo creo que es mejor que estemos todos en un mismo espacio físico y que luego cada uno se mueva como realmente se sienta mejor. Pero está claro que en el momento de la creación hay que aislarse. No específicamente en la agencia, sino paseando por la Castellana, tomando un café, sentado en un banco de la calle o en el metro. Al final los creativos son observadores del mundo que nos rodea. Y lo que tenemos que comunicar es aquello que nos rodea para comunicar lo que conecta con la gente. Pero bueno, aislarse es huir del espacio de la agencia, de todo el *mare magnum* que existe en la agencia. Incluso hay muchos creativos que prefieren trabajar por la noche o por la tarde, cuando en la agencia no hay ruido, y ese es el momento de sentarse y empezar a pensar.

¿Cuáles son las características que busca al seleccionar creativos?

Sobre todo hay una parte de intuición. Algo que te diga que esa persona va a funcionar. Porque aquí viene gente muy buena, pero lo primero que miro es la chispa que tenga esa persona, que sepas que va a funcionar en la agencia y sobre todo que ame este trabajo. Hay que ser creativo porque amas la publicidad y debes conocer todo lo que se hace en ella, los trabajos que hay en el mercado, campañas más famosas y, además, una actitud de búsqueda de buenos anuncios.

¿Cómo construye los equipos?

Yo prefiero que los equipos vengan formados, pues resulta muy difícil juntar un *copy* y un director de arte que no se conocen de nada. Para formar equipos nuevos debe haber primero un entendimiento entre ellos. Luego el nivel profesional debe ser el mismo y, finalmente, se necesita como mínimo seis meses hasta que se acoplan. Por ello, prefiero buscar equipos ya consolidados. Prefiero que tengan experiencia e incluso que tengan éxitos. Evidentemente, busco también que sean buena gente, con mente abierta y buen rollo porque para que una agencia funcione debe haber un buen ambiente. Si aquí en dos años hemos conseguido algo, es que la gente esté contenta.

Y cómo se crea una atmósfera de «buen rollo»

En el fondo, para crear un buen ambiente no hay un secreto. Quizá hay que intentar ser claro, equilibrado y justo con todos, y si tienes preferencias hacia algún equipo creativo no demostrarlas, pues eso hace daño al resto de la gente. También saber darle a cada uno lo que se merece cuando se lo merece: si alguien ha ganado un premio, enviarlo a que lo recoja en un festival, por ejemplo. Y desde luego, no mostrar preferencia y dar las mejores cuentas siempre a los equipos que crees que son los mejores pues en dos días el departamento creativo se te rebela. No obstante, también debes mantener un cierto nivel de competencia. Yo, si soy creativo y veo que el de al lado ha hecho una buena campaña, la próxima vez intentaré superarme, y ese nivel de competitividad debe existir. Por nuestra parte es un tira y afloja con el departamento, pero sobre todo es que se muestre a toda la gente el buen trabajo de los equipos. Desde luego, el ambiente es de diálogo, y todo el mundo felicita el trabajo bien hecho de los otros.

¿Qué estimula a los creativos?

Principalmente que sus campañas salgan a la calle. A cualquier creativo le encanta ver su trabajo en la calle como él lo ha parido y sin demasiados cambios. Y cuando ves tu primer *spot* en la calle y te llaman tus amigos, tu familia, tus vecinos, para decirte que lo han visto, te sientes como el artista. El segundo, el económico y, el tercero es a nivel profesional como el de los festivales, tanto ganar premios como mandar a tus creativos a los festivales para que vean el negocio en el que están. Cuando estás en el día a día de la agencia, no te das cuenta, y es cuando sales a algún festival cuando percibes y descubres la cantidad y calidad de los trabajos.

¿Tan importante son los premios?

Es fundamental. El profesional se siente más valorado y también le surgen más ofertas, sube escalones dentro de la empresa y se gana el respeto del resto de los profesionales. Luego también es verdad que la efectividad y los resultados positivos de la campaña también motivan. Cuando el cliente llega y te enseña un gráfico y ves que cuando hay publicidad el gráfico sube, te sientes feliz. Feliz y poderoso: haces un mensaje, lo pones en un medio, la gente lo ve y te hace caso. Hay una cuestión rara, de poder.

CÉSAR GARCÍA

¿Cómo describiría el negocio publicitario?

Estamos ante un panorama en el que necesitas muchas inversiones y donde no puedes esperar un resultado inmediato. Por eso, si los clientes se ponen nerviosos y no consiguen lo que esperan, cambian la estrategia, y de salto a salto de estrategia la creatividad va perdiéndose. Con la creatividad hay que construir poco a poco y con una fuerte base estratégica, y así sí puedes hacer creatividad. Cuando las cosas no van bien, el cliente te dice que no le hagas ningún *jueguecito* y te pide que lo que comuniques lo hagas claramente: «Me lo pones grande y así me verán». Esa es la tentación del cliente. Con ellos lo que pasa es que quieren creatividad y el problema es que, o bien la dirección no lo permite y están cambiando constantemente porque tienen la espada en la espalda, o eligen otros medios u otros lenguajes para intentar obtener resultados a corto plazo. El mercado no nos permite realizar la creatividad que deseamos.

Entonces lo que sucede es que os ven más como proveedores y no confían en vuestra labor.

Ese es el problema de la profesión. En los ochenta había una fe ciega en nosotros porque en esa época había un solo canal de televisión e invertías 80 millones y rápidamente te veía todo el mundo. Ahora no estamos en ese panorama y las inversiones no responden de ese modo.

Confían en nosotros, pero siempre, y esto es una constante, todos los clientes al principio, buscan ser conocidos, caer bien al público, el punto emocional que sería la gran creatividad y después, al mes y medio se han rajado y ya buscan la venta dura: que los números no responden, piden una promoción... Es decir, todos los clientes aspiran a la gran creatividad y luego se quedan en lo racional.

Un trabajo con muchos sinsabores. Ante tantas dificultades, ¿cuáles son las motivaciones de un creativo para seguir creando y superándose día a día?

El creativo tiene un ego que no le entra en el despacho, y por ello quiere hacer el mejor anuncio. Si un amigo de otra agencia ha hecho un gran anuncio para un cliente similar, te sube un listón y te pone contra la pared, obligándote a realizar un anuncio mejor. No obstante, si no lo hubiera hecho bueno, tú también lo quieres hacer bueno o buscarlo. Pero el hecho de que en una misma categoría se estén haciendo cosas buenas, te pica: «Si el otro lo ha podido hacer bien, por qué yo no seré capaz». Su motivación principal es el reconocimiento general, el del jefe, el de tus compañeros, el de la profesión, los premios, que te suban el sueldo. Pero todo funciona por ego, principalmente las ganas de hacer cosas, superarte. También cuando trabajas en una agencia que hace un trabajo excelente y se le reconoce, tanto en la calle como en los anunciantes, como en los festivales, eres, aunque suene cursi, mucho más feliz. Si tú trabajas en una agencia que no es reconocida, de la que dices las cuentas y nadie se acuerda de ningún anuncio, se te queda en el fondo una imagen de que eres un comunicador que comunica poco. Los creativos son gente que vive mucho de estas cosas.

¿Cuál es el horario de trabajo de la agencia?

Nunca sabes cuándo vas a salir. Nunca sabes qué fines de semana te van a tocar trabajar. Y aquí vuelve a salir el ego del creativo y la satisfacción del trabajo bien hecho y la creatividad tiene el problema de no tener límites: puedes estar eternamente perfeccionando una campaña. Y entonces se apura el trabajo hasta el límite.

Por otra parte está la presión de los clientes. Ellos entienden que todo es fácil y se puede hacer, y una agencia no se puede permitir perder un cliente y decirle que no se lo haces. El tiempo es fundamental. A mí me aseguran tener un mes para la campaña, y firmo donde sea. Para cualquier campaña el tiempo es buenísimo.

¿Cómo afecta sobre la creatividad estos horarios?

Lo que nosotros estamos detectando, y nos molesta, es que siempre llegamos a destiempo con las piezas perfeccionadas y entonces caemos con la idea en bruto. Pero siempre te queda tocar todo un poco más. Por ello intentamos inculcar en la agencia el aprovechar al máximo los primeros días de plazo para tener tiempo de mejorar los detalles finales, y no al contrario.

No obstante todo lo dicho, parto de la base de que un creativo no trabaja bien si no está bien donde está. Tampoco te lo puedes tomar como una profesión, aunque los años te den experiencia y facilite soluciones rápidas. La solución rápida no es el objetivo y no te lleva a un buen trabajo. El creativo saca cosas buenas cuando está a gusto. Cuando por la mañana viene a trabajar contento y feliz. El punto está en conseguir que siempre esté bien, y eso lo notas cuando ves que todo va saliendo y para ello, sin duda, la flexibilidad es la mejor forma de llevar el trabajo creativo. También hay momentos en que las cosas cuestan y necesitas motivación para moverte. Nosotros los sacamos a comer, no trabajamos por la tarde, intentamos tener un entorno con música, televisiones y con un bar. Es decir, un entorno agradable. Intento no presionar mucho porque si lo haces, al final te darán un trabajo correcto pero no con tanta calidad como si lo hubieran realizado disfrutando. La presión no debe ser impuesta por trabajo, sino por orgullo de creativo, es decir, por buscar la satisfacción personal del trabajo bien hecho: que se sienta creativo, que vea que cada trabajo es una oportunidad.

Con jornadas tan largas el creativo casi no tiene tiempo libre para empaparse de la vida. ¿Cómo logras combinar tantos factores y que la creatividad no salga mal parada?

Es difícil. Uno se siente obligado a estar al día e intenta, cuando tiene tiempo libre, ir de aquí para allá. Tienes que contar con la inquietud de cada persona. Si te supones que eres creativo, te interesan muchas cosas y te buscas la vida para alcanzarlo. Después, hay otro sistema que consiste en que si no puedes ir fuera, deberás traerte adentro lo de afuera. Entonces, vamos a traer gente interesante para dar conferencias. Serán los martes por la mañana. Esto es un proyecto que llevo un año y medio pensando y aún no se ha puesto en marcha. Más que para que esté al día de las cosas, es para que el creativo no se sienta que está todo el día trabajando. Llega un momento en que se ven limitados al estar haciendo todos los días las mismas cosas y necesitan salir fuera. Si no cuentas con ese tiempo, pensamos que es mejor traerlo dentro. También es verdad que fluye la comunicación dentro de la agencia y si hay alguna buena exposición o película se arma una salida. Pero esto no está muy organizado. Es espontáneo. Lo fundamental es que el creativo se refresque. No sé muy bien cómo hacerlo y no sé si está bien decir cómo hacerlo, pues cada uno es libre.

¿Cómo construye un equipo creativo?

Busco un equilibrio de personalidades. Hay veces que estableces una pareja y las cosas no salen. Ves que alguno, por personalidad, es más extrovertido, le resulta más fácil presentar una idea, normalmente coincide con el que tira ideas al aire, y hay otro que es más reflexivo, que es el que más compensa y coge las ideas que merecen la pena. Esa es la mezcla importante en la pareja. Los equipos buenos suelen tener uno más extrovertido, más social, más natural y otro más trabajador, más de mesa, más organizado. Esto es lo que busco, una complementariedad en la pareja, hay que compensar. Así, si pones un equipo con dos personas muy protagonistas, chocan. Y si pones un equipo con dos profesionales parados, el equipo no crea.

¿Cuáles son los conflictos más habituales?

Pues lo más habitual es que alguien quiera comerse el mundo y el otro sea más tranquilo. Y el primero es el típico que se queda hasta la una de la mañana todos los días intentando sacar la mejor idea y el otro está arrastrado y al final hay una desproporción y así surge el conflicto. Otro motivo de divergencias es el excesivo ego. El famoso «yo, yo, yo he pensado esta idea» que te presenta la campaña como protagonista. Esto mina por dentro a la pareja, y al final, saltan las chispas porque quizá la otra persona es el que más trabaja y es quien tiene de verdad las ideas.

¿Cómo actúa para paliarlos?

Yo creo que con una dirección que fomente el diálogo. Hay también algunos trucos. Por ejemplo, en Navidad, para mandar la felicitación de la agencia, nosotros hacemos un concurso. Un concurso interno a nivel de todos los departamentos donde todo el mundo alaba lo que se hace. El compartir las ideas es un proceso lento en el que nadie se debe apuntar como protagonista. Incluso la gente demasiado vanidosa no funciona en las agencias, pues la propia estructura los anula. Al final, lo importante es que se compartan las ideas en el día a día y lograr que los creativos pierdan el miedo y no consideren que si se presentan las ideas a otro creativo se las van a robar. Aquí hay una visión internacional donde la filosofía de agencia es la búsqueda de la idea y que cualquiera puede lograrla, y cualquiera tiene que estar motivado para dar esa idea y tiene que saber que si la da, se pondrá en marcha. Al final, no hay motivación económica, sino que hay una motivación de reconocimiento.

ENRIQUE GONZÁLEZ

¿Cómo son las relaciones del departamento creativo con el cliente?

El cliente es la madre del cordero. El cliente es, como aparecía en algún artículo, sencillamente una parte del problema que hay que resolver. Algunas veces, sabiéndolo o no, es quien tiene la solución. Tiene tan claro el problema que ese completo conocimiento es lo que ayuda extraordinariamente a encontrar la solución. Otras veces, por el contrario, el cliente se convierte en un problema muy claro para que la solución progrese. Y en cualquier caso, nos jugamos la calidad de la comunicación en la relación con el cliente.

Es una relación muy importante; esto lo oirás una y otra vez; te aburrirás de oírlo. Pero no por eso deja de ser muy importante; el cliente es un elemento fundamental. Las agencias hemos empujado mucho hacia un concepto interesado de relación. Es un intento de barrer para casa, es el concepto de *partnership* con el cliente. Eso quiere decir que se comparten muchas cosas, que no solo se comparten las expectativas de negocio, sino que parece que hay un proyecto común. Y esta idea de proyecto común es algo compartido. ¿Qué es ese algo compartido? Evidentemente, suele ser la vitalidad de las marcas, la construcción de las marcas; en el caso de que estemos hablando de marcas o de lo que más se pueda parecer al fenómeno de marca. Entonces, la agencia se la juega en esa relación, en esa calidad de la relación, en la capacidad de establecer unas relaciones de calidad con el anunciante. Y ese juego entre dos se convierte en un juego de tres tan pronto como el consumidor es sentado también a la mesa. Entonces, de esta interacción va a salir el trabajo que alimente a las marcas. Y eso puede nacer con salud, lleno de fuerza o débil, deforme, muerto, depende de cada caso.

¿Cuáles son los conflictos habituales contra los que se intenta luchar?

Esta pregunta implica una clasificación muy amplia. Por un lado, está el que no se compartan los criterios sobre qué es eficaz o qué no lo es. Incluso antes: el conflicto puede estar en un diagnóstico diferente o en una definición distinta.

¿Se refiere al briefing del anunciante?

Desde luego, si el *briefing* del cliente es espléndido, esto casi te permite no tener ni que pasar por la liturgia del *contrabriefing*, sino sencillamente ponerte a trabajar. Es decir: «Lo hemos entendido todo».

¿Ocurre habitualmente?

Bueno, no es lo que más pasa. Yo creo que hacer un buen *briefing* es una de las cosas más difíciles que hay. Representa un encabezamiento, definir el problema; y a veces el problema se las trae. Y cuando eso está muy bien hecho, pues es soberbio el avance que se produce.

¿Qué espera del briefing?

Primero, los puntos básicos deben ser muy claros. El poder tener un gran retrato de la situación, de a lo que la marca y el producto –no quiero mezclar esos dos conceptos, que quede muy claro– aspiran; lo que son, lo que están representando para el consumidor; la situación general, el contexto en el que todo eso está sucediendo.

¿Está presente desde el inicio el equipo creativo?

Por regla general, yo soy partidario de que el equipo de trabajo esté junto desde el principio y que tenga un contacto muy directo con el problema y con quién transmite el problema. Yo soy partidario de esa teoría y solemos hacerlo así, aunque a veces no se pueda. No se puede estar al completo o a veces no funciona al cien por ciento.

Pero yo diría que cuando se trata de un *briefing*, algunas veces es innecesario porque cada caso es diferente. En la historia de la relación con un cliente, no puedo pensar que si llevo 20 años trabajando con un cliente, pues el *briefing* que me da hoy no sea diferente del que me dio hace 20 años. Esto es evidente, tengo mucho conocimiento acumulado o muy poco, todas estas cosas cambian. Pero yo diría que el departamento creativo, cuentas, planificación estratégica y medios deberían estar en la agencia en ese momento de asimilación de la información y de las preguntas. Estoy hablando de un contacto del equipo de la agencia con el anunciante, siempre que la situación lo requiera. Porque hay muchos tipos de *briefings* y de campañas. A veces hablamos del *briefing* como si hubiera un modelo. O sea, es otra cosa. Las agencias han intentado por todos los medios desarrollar un formato que básicamente diría que es algo nemotécnico que las agencias deben tener para no olvidarse de ninguna cuestión. Esto, casi todo el mundo lo tiene, de una forma o de otra. Nosotros solemos tener una lista, que te la dicta la experiencia, de temas que hace falta tocar para desarrollar la visión general.

A la hora de trabajar con el cliente, ¿los equipos de trabajo son siempre los mismos?

No hay una regla para eso. Hay que partir de la base de que nadie está perennemente. O sea, ni los clientes ni los equipos. Las que son más perennes son las marcas y los negocios. Pero la gente entra y sale, va y viene. Y más acusadamente en un momento en que las industrias han dejado de ser iniciativas de «amos», para ser corporaciones de gente que se mueve. Antes se decía: «Cuánta movilidad en los departamentos creativos, ¿no?» Luego yo he visto que la movilidad no es muy diferente a la de la gente de marketing de una empresa. A veces se mueven más rápidamente que la gente de creación, en todos estos entornos nuevos.

Antes, los proyectos eran más para toda la vida, a la japonesa. Eso hoy no se da, hay mucha movilidad en el mundo laboral. Y de ahí la importancia de que las marcas tengan su propio «status». Que exista, que se desarrolle tanto en estos últimos años todo lo que tiene que ver con la identidad, con la imagen corporativa, no deja de ser un reflejo de que antes eso eran una serie de personas que estaban colocadas, que no se iban a mover durante años: la memoria de la compañía, el control, etc. Hoy la movilidad hace que exista una marca.

¿Cómo afecta sobre el resultado mantener siempre a un mismo equipo con el mismo cliente?

Lo complicado al hablar de estos temas es que son de difícil generalización. Por ejemplo, el hecho de que haya figuras en una agencia que estén durante muchos años, que tengan un contacto con la marca o con un determinado anunciante, que hayan ayudado y decidido en la construcción de esas marcas y que sigan haciéndolo durante un tiempo, es perfectamente posible. Como es perfectamente posible que después de unos años unas personas o unos equipos se consideren cansados o fatigados, con necesidad física de renovarse con otras cuentas, con otros problemas diferentes de los de esa marca y que necesiten realmente cambiar de aires. De la misma manera, un anunciante puede considerar que su agencia se está durmiendo en los laureles y pedirle a su agencia o fuera de su agencia otras visiones de la cuestión.

¿Qué sucede con todo esto? Hay anunciantes que llegan a considerar elementos de la agencia, gente del departamento creativo, como sus consultores, por decirlo de alguna manera. Se fían fundamentalmente de la visión de esas determinadas personas y, en su momento, algunos clientes los han convertido en sus consultores; y esto está sucediendo muchas veces.

¿Es fundamental dar el dato del presupuesto al equipo creativo?

En general, yo soy partidario de que el presupuesto sea un tema conocido porque es un elemento que ayuda buscar soluciones. Si tenemos un presupuesto muy pequeño es un reto lograr concebir una idea muy grande. El presupuesto es un dato de la realidad que ayuda.

Cliente grande, cliente pequeño, ¿se trata igual a la hora de asumir los riesgos?

La agencia tiene la obligación de hacer rentable cualquier trabajo. Esa es la obligación del negocio, de la empresa. El que unos trabajos sean más rentables, en términos económicos, y otros lo sean en términos de imagen o de experiencia, esto es una cuestión, que el grupo de directivos, de dirección de la agencia está obligada a evaluar en cada caso. Yo diría que en el caso de los clientes pequeños, sus encargos pueden ser pequeños, sus presupuestos pueden ser pequeños, pero sus necesidades pueden ser grandes, y entender que la agencia puede ganar tanto dinero con ellos como con los grandes. Pero en ese sentido, no hay clientes grandes o pequeños, hay proyectos importantes o no importantes. Deberíamos convertir el trabajo siempre en importante, y deberíamos convencer siempre al anunciante pequeño que no nos reclame siempre un trabajo pequeño. No porque sea un spot de 10 segundos es un trabajo pequeño: un spot de 10 segundos puede ser un trabajo pequeño o una joya. Precisamente, exigir muchas veces el máximo de síntesis posible es más complejo. A veces los clientes grandes están tan armados que es difícil innovar con ellos y, sin embargo, el pequeño te necesita más, es menos conservador, necesita arriesgar más, te va a dar más cancha.

Todo esto son de nuevo generalizaciones: cada caso es cada caso. ¿Qué es lo que para la agencia constituye una norma? Demostrar con las campañas quiénes son los grandes. Algunos clientes que empezaron invirtiendo una cantidad pequeña, que entonces era un enorme sacrificio, crecieron al año siguiente. La publicidad les está demostrando que afecta al valor de la marca.

El equipo creativo, ¿pasa mucho tiempo en la agencia?

Sí, claro que pasan bastante tiempo. El problema que tienen los equipos creativos es que, a veces, tienen que empalmar los horarios de trabajo del cliente y la agencia con los horarios de trabajo de todo el entorno. Puede pasar que hayas llegado a las 9 de la mañana a la oficina y que hayas estado trabajando todo el tiempo y que después te toque hacer una sonorización o un montaje a horas intempestivas. Además si el creativo pasa tanto tiempo en su trabajo y luego en su tiempo libre con gente de la profesión, ¿no es un círculo vicioso? Esto, en Barcelona, no pasa. Madrid parece que es un poco más social, pero aquí creo que la gente de las agencias nos vemos muchísimo menos. Yo creo que es sano que exista una cierta camaradería corporativa. O sea, es bueno porque creo que alejas fantasmas y planteas, digamos en unos términos más deportivos, el tema de la competencia. Pero yo diría que no hay aquellos lugares donde normalmente nos vemos al salir del trabajo y tomamos unas copas; no sé si hubo una época en Barcelona donde hubo clubs de publicitarios, bares y todas estas cosas. Yo creo que hoy eso ya no existe, dentro de la liturgia de las convocatorias, de los premios, de las iniciativas de las revistas del sector; cuatro cosas que hacen que sí, en algunos lados te veas; una serie de iniciativas para reunir a la profesión.

Planteaba la anterior pregunta en el sentido del poco contacto del creativo con la calle, con la vida...

Sí, efectivamente. Las profesiones se cierran en sí mismas. Se habla de Hollywood, que es una especie de micromundo que trabaja para sí mismo y que luego le impone al mundo su visión. Hace poco tiempo había un artículo donde se refieren a este fenómeno en el campo del periodismo. O sea, los periodistas están en un micromundo donde se preocupan por sus colegas de profesión: el periodista está muy preocupado por los profesionales del sector que lo leen en otros periódicos. Y muchas veces, el lector queda al margen de esta dinámica, digamos un poco pervertida, de considerar que tu público es aquel que te puede contratar o que puede admirarte o criticarte, etc. En la publicidad sobre esto se habla muchísimo, porque siempre ha existido esa crítica desde fuera; o a veces autocrítica de nosotros mismos. Creo que de ese debate no sé cómo sacar algo claro. Evidentemente, sí que hay esas fuerzas centrípetas y que también se van produciendo muchos movimientos correctivos de un lado y del otro, y que van colocando las cosas en su sitio.

¿Y cómo actúa?

Te diría que no tenemos nada organizado, sino que siempre tratamos de que la información circule, de que se hable de otras cosas que no sean solo publicidad, de que nos interesa compartir las cosas que nos impresionan, en terrenos que son interesantes para nosotros. Yo que sé, desde los contenidos periodísticos hasta la última película estrenada. Todas esas cosas son comentadas, se habla de ello, circula por los pasillos, en las comidas, etc.

También hay animadores que fomentan esto. No gente dedicada a esta función en la agencia, sino sencillamente, que yo creo que para un buen clima, un clima verdadero, un clima publicitario, tiene que haber un intercambio. Yo definiría el clima como el generador del gran intercambio. Escuchar buena información es bueno, cuando hay buen rollo, hay mucho intercambio; y eso es magnífico. Libros, libros importantes, ya sea de la profesión o de cosas que tú creas que están apuntando una visión interesante de la vida. Claro, lo que no se puede hacer es obligar, porque ya no estás en la escuela y son gente adulta ocupada con su vida privada.

¿Cómo se transmite la filosofía creativa de la agencia al departamento creativo?

La transmisión es un poco osmótica. Es gente con peso específico, contagiándose de gente con menos peso específico, aprendiendo juntos. Eso por un lado. Por otro lado, digamos que existe un razonable control de calidad; o sea, qué es lo que pasa a un lado y qué no se aprueba. Hay procedimientos, maneras de trabajar que siempre desembocan en una reflexión: si el trabajo que estamos preparando da la talla o no la da –y si no la da pues no lo presentamos, y volvemos atrás–. Y si eso significa colocarse en situaciones complejas, como negociar más plazos de entrega, eso está ahí. Yo creo el control de calidad es una obligación de las agencias.

¿Pero con qué criterios se realiza ese control?

El criterio es intuición, es experiencia y es discusión, un debate entre la gente que representa al equipo, que está trabajando, y el equipo de contraste, que normalmente es la figura del departamento creativo, la figura del director creativo y la persona o director del servicio al cliente y las personas que puedan ser convocadas.

¿Cómo evalúa las ideas?

Con preguntas: ¿sube el listón de la creatividad o lo baja?, ¿estamos comunicando aquello que creemos que tenemos que comunicar?, ¿es suficientemente claro?, ¿es suficientemente nuevo?, ¿es suficientemente adecuado?, ¿es factible? o ¿hay fisuras que más adelante, en el proceso de ejecución, nos vamos a encontrar?, ¿realmente estamos produciendo para 20 segundos una pieza de 20 segundos o es de 30 segundos? Si es de 30 segundos, ¿no la podríamos reconocer ahora para evitar problemas?, ¿está realmente resuelto el problema de identificación del anuncio con la marca, o es insuficiente?, ¿la marca tiene el poder que tiene que tener en cuanto a beneficiarse de todo lo que hemos dicho hasta ahora? Así evaluamos, con preguntas que pueden ser infinitas.

Hablando del equipo de trabajo, ¿qué características busca?

Las afinidades selectivas. El que esos núcleos digan primero que, por encima de cualquier otra cosa, representan un estímulo y un reto y un interés trabajar juntos; me refiero a las dos partes fundamentales, al escritor o redactor y al director de arte. Que esas dos figuras congenien. Nosotros tratamos de establecer vínculos y de crear unos proyectos con las personalidades que tenemos disponibles. Creemos que para este trabajo lo ideal es tener un grupo o dos. Nosotros en concreto tratamos de establecer equipos estables, porque nosotros somos muy operativos. Si resulta que una persona trabaja con cuatro es muy difícil llevar ese trabajo día a día; tienes que tocar muchos palos. Entonces tendemos a crear parejas estables y nutrirlas lo más posible. Información de aquello que ellos necesiten para trabajar, motivación, ánimo, reuniones, etc. Decirles: «Oye, tenemos que hablar más de esto, porque no nos acaba de quedar claro...». Ese constante recurrir unos a otros a la búsqueda de información y de motivación. «Estamos pensando no sé qué, ¿por qué no vemos unas cuantas películas importantes de este sector?». «Vamos a ponernos todos durante un rato a buscar imágenes en los libros de referencias que nos estimulen a resolver de otra manera».

Parece que se crea un ambiente de diálogo continuo. ¿Se apoyan entre ellos los núcleos?

Sí, digamos que, para mí, el departamento creativo ideal es el departamento creativo que no está compuesto por habitaciones estables, por departamentos estancos, ni en el que cada cual tiene unas designaciones concretas. Creemos que hace falta crear un fuerte sentimiento de trabajo compartido. En las cosas que la agencia firma, no son firmas a título personal. El trabajo es colectivo y la firma es siempre de la agencia.

¿Es tan importante el entorno físico para crear?

Yo creo que es más anímico que físico. El paisaje humano y el equipo humano trascienden sobre las limitaciones físicas que existen.

¿Cómo afectan los despidos y la contratación de nueva gente?

Afecta. En los equipos, la gente desarrolla unos sentimientos por el que tiene al lado y en algunos casos, el despido es un drama, y no solo despidos, sino las marchas de la gente. No se despide a tanta gente en las agencias. Salvo las grandes crisis que obligan a las agencias a tomar medidas. A veces las marchas pueden ser una bendición, pero por lo general son tragedias.

FERNANDO MACÍA

¿Cómo se gestiona el departamento creativo?

Esta es una agencia de personas. Los directores siempre intentan estar de buen ánimo, y esta actitud es muy importante porque al final, lo vas aprendiendo y luego se contagia entre los demás. Estamos muchas horas juntos, por eso tenemos que pasarlo bien sin dejar de lado el objetivo. La idea es ir cuidando las relaciones personales dentro de la agencia. Si son buenas personas y no son creativos, no los quiero, y viceversa. En los últimos años, se ha despedido en esta agencia a un solo creativo, y ha sido porque no tenía buen rollo. Era buen creativo, pero no creaba el ambiente que nosotros creíamos que tenía que haber. Es tan importante una cosa como la otra.

Hablando del equipo creativo, a la hora de formarlos, ¿qué características intenta buscar?

Cuando seleccionamos un *junior*, un arte o un *copy*, primero tiene que ser un buen tío. A nivel de trabajo, una persona que haga su trabajo pensando. Por ejemplo, un diseñador. Que diseñe bien, pero que también piense: que no sea diseño por diseño, sino que intente buscar la vuelta a todo. Para los *copys*, igual. Aparte de escribir muy bien, que busquen siempre algo más. En el momento de unirlos, lo importante es entenderse. Son como un matrimonio. Es un trabajo con tu pareja, y acabas con una relación muy íntima. Son muchas horas juntos, sufriendo, disfrutando... Y si no acaban de encajar, se liman las asperezas, porque el objetivo al final es común.

Y una vez configurados, ¿qué intenta transmitirles?

Una cosa importante con los equipos, desde que empiezan, es enseñarles a ser gente generosa. La publicidad es un trabajo de egos, porque todos tenemos un ego muy grande y nos creemos que todos somos artistas y en realidad, somos artesanos. Está el tema de las fichas, el del reconocimiento y el de ganar más dinero, porque al final, todos trabajamos por dinero. Entonces, nosotros hemos conseguido en nuestros equipos que, por ejemplo, si un equipo colapsa de trabajo, pues otro equipo le echa una mano, y la final da igual de quién sea la idea. Solo he visto en esta agencia un rollo así, y para mí, esto es lo que hay que intentar que comprendan todos los equipos creativos.

Ya veo que aquí el tema de propiedad de ideas no existe.

Eso mismo. Intento que la gente no quiera ser demasiado propietaria de una idea, porque la idea no es tuya, sino que es de todos en general. Estamos todos en el mismo barco, y que nos quede muy claro para dónde remamos. Si empiezas a hacer pequeños guetos, hay problemas. Nosotros tenemos una cosa muy clara; queremos ser el Guardiola del Barça, no ser el Figo ni el Rivaldo: que estés contento en tu casa, que ganes un buen dinero y no te quieras ir. Yo creo que esa es nuestra gente. Siempre va a haber empresas que te van a pagar más, lo tenemos muy claro, pero posiblemente no te quieran tanto o no lo pases tan bien como aquí.

Una de las motivaciones, por tanto, es el ambiente que rodea al entorno de trabajo.

En realidad, al principio, la gente que viene no conoce eso. Primero valoran la creatividad, porque la gente que viene aquí, al departamento creativo, sabe que esta es una agencia muy creativa. Y segundo, cuando ven que es creativa, decimos que, aparte de ser creativos, lo somos trabajando a gusto y estando bien. Esta agencia tiene una cosa muy buena: se trabaja para el creativo. Tenemos un departamento de producción muy grande y si en un momento el creativo quiere hacer unas pruebas, las puede hacer. Si necesitas algo y lo pides, lo tienes. Todavía no hemos puesto un freno a nadie para hacer un buen trabajo. ¿Necesitas revistas?, pues tienes todas las que quieras. Facilitar el trabajo es algo muy importante. Intentamos constantemente fomentar la creatividad, no solo aquí dentro, sino fuera también.

¿Qué creéis que hay que mejorar en el departamento creativo?

El departamento creativo funciona de una manera diferente a otras agencias; somos un comité creativo de cuatro personas. Entonces, todas las semanas, o cada diez días, vamos hablando de la agencia y vamos proponiendo cosas, porque lo peor es quedarse anquilosado. Una persona del departamento me dijo una vez que la inteligencia es la movilidad. La movilidad es estar pensando constantemente, en Internet, en las nuevas tecnologías, en todo. Entonces, así, siempre estamos creando nuevos proyectos para que el departamento creativo sea mejor. Estamos constantemente pensando mejoras.

Todo parece ideal.

La verdad es que hay pocos trabajos tan maravillosos como este, y de tanta pasión, de tanto disfrutar y de pasarlo mal. Aquí cada día es diferente. Yo me imagino que en otros trabajos te lo puedes pasar bien o mal, pero los días suelen ser muy uniformes. Aquí, la capacidad significa ponerte una coraza: estás un día arriba, un día abajo. Todos los días en este trabajo hay pasión. Yo creo que eso es lo maravilloso de esta profesión.

JOAN TEXEIDÓ

¿Cómo entiende que debe ser la relación con el cliente?

Nosotros entendemos que el creativo debe estar implicado, igual que todo el equipo de la agencia, en todos los procesos de trabajo. ¿Y dónde creemos que empieza? Creemos que empieza cuando se recibe la información. Buscamos que el creativo empiece a crear desde el inicio. Intentamos que la gente importante esté implicada durante todo el proceso, participando más o menos, pero sabiendo siempre dónde va el proceso, incluido el cliente. Nosotros creemos que lo ideal es que el cliente no esté en todas las fases del trabajo, porque a veces puede desmotivar, pero sí que esté implicado en el proceso. Antiguamente recibíamos el encargo y volvíamos para presentarle la campaña, dejarle deslumbrado. Ahora hemos creado unos puntos intermedios donde el cliente entiende cómo estás trabajando y, además, puedes establecer diálogo.

Lo ideal es intentar sorprender siempre al cliente, porque si no, lo más difícil será explicarle por qué va a pagar lo que va a pagar por una agencia. Tiene que ver que detrás hay un trabajo muy serio y que hay talento. Ese creo que es el papel final del creativo. Lo demás, todo el mundo puede entenderlo y él también, y todo el mundo puede llegar casi a hacerlo. Sin embargo, hay un momento donde entra el área creativa. Ahí, sí que es el creativo el que tiene que explotar, el que va a encontrar la solución.

Y cómo llega a explotar.

No sé quien decía que el proceso creativo siempre tiene lugar en un momento de desequilibrio. Cuando el tío está desequilibrado, ahí crea. Yo creo que hay tíos que son más desequilibrados; y esos son los mejores creadores y, a la larga, los mejores creativos. Nunca hay que olvidarse de que los creativos somos profesionales. Es decir, no somos artistas, somos señores que vendemos, que estamos en el marketing, que estamos integrados en la estela del consumo. Diría que ese es el modo, pero hay un punto en el que cada creativo lo hace a su manera. Hay quien necesita estar más solo y encerrarse; y quien, al revés, necesita un equipo para poder comunicarse.

Y los creativos, ¿tienen suficiente tiempo para llegar a soluciones efectivas?

El día a día es muy acelerado. Te pasan el *briefing* y todo se pide para YA. Vemos que los creativos se quejan o nos quejamos porque los tiempos suelen ser surrealistas, ilógicos. Se toman decisiones muy importantes y casi no hay tiempo de argumentar ni de reflexionar. Casi no presentas, sino que enseñas.

Yo sigo creyendo que el gran problema de nuestro oficio es que hay una dosis de subjetividad absoluta y que todo el mundo se entiende legitimado para decidir utilizando como base sus creencias y gustos personales.

Los clientes poseen gran formación en comunicación comercial, ¿no?

Cada vez encontramos más gente así. Recuerdo cuando empecé en publicidad, había una cosa muy buena que era que hablabas directamente con el dueño de la empresa. Sabías que él tenía la ilusión y la necesidad de que la publicidad triunfase, de que funcionase, porque le iba el negocio en ello. Después empezamos a hablar con directores generales, directores de marketing y empezó a haber una cosa peligrosísima: de la ilusión de éxito se pasó al miedo al fracaso. «No me puedo equivocar» significaba buscar decisiones de consenso. El éxito está en intentar acertar y cuando vas a empatar, al final, empatas o pierdes, pocas veces ganas. Ahora la gente tiene más formación, incluso en nuestra profesión. Hace unos años, la publicidad era de unos vividores que iban con fular y el pelo largo y tenían las ideas en la ducha. Ahora puedes tenerlas allí, pero la cosa es mucho más seria. El anunciante se ha profesionalizado terriblemente. Ahora cada vez hay más gente que trabaja en este mundo, en la parte del anunciante, que son de económicas, del IESE, de estos sitios. ¿Eso qué te da? Pues el interlocutor sabe de lo que habla siempre. Tiene una contrapartida terrible, que es que cree, se siente otra vez más legitimado, porque sabe de medios, planificación, creatividad; y, además, muchos de ellos tienen bobinas de los mejores *spots* del mundo, existe Internet, con lo cual pueden entrar y ver la página de los *spots* más creativos del mundo. Es verdad que el cliente de hoy está mucho más profesionalizado, con sus ventajas, que son muchas, pero también con sus inconvenientes.

¿Inconvenientes?

Creo que antes había gente que iba a buscar una agencia, y lo que hacía era depositar su confianza en la agencia, porque sabía que esa gente sabía más que él. Yo he tenido clientes, y los sigo teniendo, que acaban diciendo que sí a un proyecto que no ven claro, pero cada vez se da menos. Cada vez los mercados se han nutrido más de armas, que son los estudios de investigación, pretest, postest, incluso tests sofisticadísimos de las agencias de marketing. Tú vas a presentar la campaña y entonces opina el *assistant* del *brand manager*, y el *product manager* opina sobre la campaña y sobre lo que ha opinado el *assistant* del *brand manager*, y luego el *product manager* dice que... Se juntan tantos comentarios que lo que provocan es que se frene el proceso. Al final lo grave es que haces un proyecto complejo, con una estrategia y una creatividad que responde exactamente a ese *briefing*. Lo presentas al cliente, el cliente está de acuerdo con toda la estrategia, pero no con la creatividad, porque dice que no *corresponde*. Es lo de siempre. Como decía mi maestro Moliner «lo nuevo siempre asusta». Pasa con todo. Por ejemplo, cada vez que Volkswagen saca un nuevo Golf, la gente dice que el nuevo es más feo. Al poco tiempo les gusta: no era más feo, daba miedo. Estamos acostumbrados a lo que conocemos. Entonces la creatividad buena siempre asusta al principio. Parece que buscan quedarse en el medio, sin que nadie te odie, pero que tampoco nadie te ame, o que te odien siete y te quieran tres. Para nosotros los creativos está bastante claro que es la segunda opción la que siempre hay que tomar.

¿Por qué los creativos pasan tanto tiempo trabajando en la agencia?

Normalmente, en las agencias en las que yo he estado, el creativo tenía una tendencia a irse tarde, aunque no hubiera trabajo. Porque cuando se termina la jornada oficial, se crea un clima en la agencia que parece como más creativo. Eso es mentira. Hay menos llamadas telefónicas, no hay reuniones, no hay gestión, con lo cual todo es a favor de la creatividad. Yo creo que eso ha ido cambiando. Ahora la gente se queda a trabajar tarde cuando tiene trabajo urgente. Muchas veces se queda porque tiene que entregar el trabajo por la mañana; no es: vamos a apretar porque dentro de 4 días tenemos que entregar. Los creativos cada vez somos gente más responsable aunque intentemos aparentar que no.

No se cumplen los horarios oficiales de la agencia.

Es verdad, se acaba de trabajar más tarde y se entra a trabajar también más tarde. Yo creo que es muy difícil cumplirlo, para mí ni siquiera es positivo. Es muy difícil exigirle a alguien que no cumple un horario jamás, que lo cumpla para entrar. Pero no puedes decirle a una persona que entre a la hora cuando se suele quedar después de su horario de trabajo. Yo soy el primero que entiende que hay que llegar a la hora, pero yo soy el primero que llego tarde. Yo normalmente llego a trabajar muy tarde, alrededor de las diez y media a once de la mañana, pero casi ningún día me voy antes de las diez de la noche de la agencia. Además, por diversos motivos, yo funciono mejor por la tarde. Siempre digo que no empiezo a pensar bien hasta las cinco de la tarde. Y creo que hay gente más para la mañana y más para la tarde. Yo, por la mañana, hago una serie de cosas que me reconcilian con la vida. Me levanto a las ocho de la mañana, ayudo a vestirse a mi hijo, desayuno con él, me ducho, me conecto a Internet para ver la bolsa, leo las noticias, y cuando me voy a trabajar tengo la sensación de haber hecho una serie de cosas, de haber estado en mi casa y de haber tenido vida. Yo creo que por el horario de esta gente hay que tener un respeto absoluto. Cuando alguien es responsable, hay que permitirle crear y trabajar cuando él piensa que es el mejor momento. Casi siempre hay equipos creativos que, cuando la ciudad se queda a oscuras, aquí siguen las luces encendidas porque ellos trabajan.

¿Y crees que esto debe seguir así?

Creo que se ha mitificado a los creativos toda la vida, pero sí que es verdad que la creatividad siempre surge en un momento de desequilibrio. Lo que no puedes hacer es esperar ese desequilibrio, tienes que provocarlo. A veces lo estás provocando desde las ocho de la mañana y cuando aparece, son las 8 de la noche, y otro aparece a las tres de la madrugada. Una de mis luchas como creativo es que yo en mi agencia no quiero novelistas frustrados, que como no saben hacer una novela acaban haciendo un texto pequeñito del *copy* de un anuncio, directores de cine o pintores, que como no saben pintar acaban de directores de arte o directores de cine frustrados que acaban haciendo *spots*. Los creativos publicitarios son gente a la que esto les gusta, y que vive con esto. Si yo quiero, puedo hacer un anuncio para un anunciante en una hora, pero ¿he hecho el bueno? Probablemente no. Necesito más horas. Nunca sabes cuándo se te va a ocurrir el bueno.

Si pasan demasiadas horas en la agencia, ¿no están fuera de la realidad diaria?

Tienes toda la razón. La gente vive como quiere, y existe una tendencia a lo que tú dices. Es una tendencia «comodona», porque en la agencia no se está mal, tienes tu entorno e incluso cuando vas fuera a tomar una copa, lo haces con gente de aquí. En nuestra agencia en Estados Unidos se hizo un proyecto que era que a cada uno le daban un teléfono, un portátil, y él se conectaba y trabajaba en cualquier lugar de la agencia. Había mucha gente que trabajaba fuera de la agencia, y simplemente, porque para el trabajo que estaba haciendo ese día el mejor sitio era la biblioteca o era la playa. Al final, nos contaron que el nivel de responsabilidad crece terriblemente, porque cuando estás en la playa, hace falta mucha responsabilidad para pensar que has venido a trabajar y no a bañarte o a mirar a las chicas de California. También se hizo otro estudio en Los Ángeles en el que los creativos o los de cuentas preferían siempre mejorar su calidad de vida a recibir más remuneración económica. Eso es llamativo, por más que hablemos de Estados Unidos, donde los sueldos son muy buenos, prefieren estar con la familia, prefieren adaptar su tiempo a sus necesidades, trabajar para vivir y no al revés. Te puedes ir al cine a las cuatro de la tarde, o al metro, a ver qué dice la gente, o a la puerta de un colegio a ver cómo juegan, qué hacen o qué dicen. Vivimos en pequeños guetos que son las agencias y nos falta el contacto, debemos ser esponjas. Trabajas para ahí fuera. Si un día pierdes la objetividad sobre el exterior, empieza a pasar lo que a veces sucede: una campaña de publicitarios para publicitarios, en su mundo. Entonces no funciona. Es un riesgo que nosotros intentamos combatir explicándole a la gente, que si tienes mucho trabajo, o tu equipo no da más, simplemente lo dices. El problema es que todo el mundo se queja, pero nadie quiere soltar jamás una cuenta. Antes que soltar una cuenta, si es que se tienen muchas, siempre se pone a más gente que les ayude. La gente se implica de una manera con los clientes, con las cuentas, como si fuesen suyas. Hay un sentido de la propiedad estúpido, pero humano. Existe una implicación casi moral con la marca. Entonces eso hace difícil reconducir un equipo creativo. La gente acaba haciendo un núcleo un poco cerrado dentro de la agencia. Equipos creativos que van creciendo, se juntan siete u ocho personas y tienen una mini agencia, una microsociedad con su microclima, su microespacio, su micromúsica y su microtodo. Entonces ya no es que no salgan a la calle, es que son distintos al resto de la agencia. Ahora van de modernos, y se visten todos parecidos y solo entran en contacto con un tipo de gente. Hace falta salir a la calle y ver qué pasa, ir a los sitios, oír hablar a la gente. Parece un topicazo, pero hay que escuchar lo que dicen los taxistas, ir al mercado, ir de compras. Es un topicazo, pero es verdad, hay que hacerlo. En general, hay una tendencia a perder ese contacto con la calle y es algo que pasa en todas las agencias aunque que algunas lo reconocen y otras no.

¿Y no tiene ningún truco para paliar este pseudoaislamiento?

No, solo intento por todos los medios que la gente entienda lo qué es la responsabilidad: que es aceptable y es maravillosa. Por lo tanto, si tú crees que una hora no es estar tres, o si tú crees que el trabajo es hacer tal cosa, hazlo.

No podéis crear flujos de información

Sí, esas cosas sí que las hacemos. Alguien va al cine y lo comenta, tenéis que ver esta y tal. En la agencia está toda la prensa, todas las revistas, y se reparten, los libros interesantes se prestan. Esas cosas, sí las hacemos. No obstante, nos falta más estar en la calle. Nuestra obligación es conectar con el público.

Centrándonos en los equipos creativos, cuando los formas ¿qué características buscas?

Yo creo que lo más difícil es cuando eliges a alguien, a la hora de contratar. Cuando fichas a un hombre ya consagrado en el mercado, no hay problema porque aquí nos conocemos todos y puedes consultar. Sin embargo, cuando buscas a alguien joven, o a alguien más nuevo, es más como un acto de fe. Cuando hablas con un creativo, lo que ves es pura intuición. Sí debes ver cuánta ilusión le hace trabajar en publicidad, que le emociona hacer un anuncio, un texto, etcétera. Si no hay eso, difícilmente va a funcionar porque la publicidad es muy divertida, pero muy dura al final. Hay mucha ilusión para que, de cada cinco cosas que hagas, salga una. Luego, creo que los creativos deben ser personas capaces de entender el marketing, pero siempre con un punto de locura. Seleccionar es dificilísimo. Para formarlo pienso que la mejor manera es empezar con alguien de absoluta confianza mía, que entiende cómo yo creo que hay que trabajar. Si yo puedo, lo hace conmigo. Lo ideal es que trabajen con esa persona de confianza y que vean trabajar y se les enseñe. No siempre se puede enseñar cuando lo intentas. A veces la gente enseña más cuando trabaja que cuando intenta explicarte por qué hace algo de una forma. Hace las cosas de una manera y cuando te lo explica, ves que no lo ha hecho así. Pero viéndole, observas cómo hay que sentarse en una mesa, cómo hay que afrontar un proceso creativo. Creo que hay que enseñarles a perder la vergüenza, porque, aunque tenemos fama de descarados, somos terriblemente vergonzosos.

Otra cosa que creo fundamental es que cada vez que un creativo cambia de equipo o de agencia o va a una situación nueva hay que concederle como mínimo tres meses donde todo lo que haga, sea bueno o malo, no se le tenga en cuenta para nada, porque es el tiempo mínimo que uno tarda en adaptarse a nuevos sitios. Es un proceso donde hay que quitarle el miedo a la gente. Si hay un *brainstorming* no puedes decir solo buenas, tienes que decir también malas. Has de decir una parida increíble, para que la gente vea que el jefe también dice estupide-ces. «Este que está ahí arriba y tiene un coche muy grande dice unas tonterías que te mueres», o sea, es malo a veces y lo que pasa es que tu idea tonta es la que hace despertar a aquél. Y luego sí que pienso que hay que dejar que la gente cuando empieza, se integre, aunque no haga nada, que entre en los procesos de la agencia y que vea que al final, lo que importa es el talento y que en una agencia, todo el mundo puede opinar y casi todo el mundo puede colaborar.

¿Surgen conflictos de propiedad de ideas en el departamento creativo?

Yo lucho hace un año para que no sea así, pero no lo consigo. La respuesta oficial es «no, todo lo compartimos», pero la real es «sí». Intento, desde hace un año, que cada semana se junten los creativos sin que yo intervenga, solo ellos, para hacer algo mucho más anárquico y más libre. Que se vean todos juntos y co-menten los trabajos, y hablen de creatividad. Ha pasado alguna vez, incluso hace poco, con un concurso. Pero esto hay que tomarlo como es: somos 17, una familia. Los hermanos se pelean, pero se quieren mucho. Si somos 54, ya somos primos: hay cariño, pero yo tengo mi casa y empieza a haber algo extraño, que no creo que sea competitividad interna, porque al final muchas veces no sabes quién ha hecho una cosa, pero algo hay ahí que hace que la comunicación no sea tan fluida como a mí me gustaría. La verdad es que hoy es complicado aunque yo lucho, y mucha más gente lucha para que haya una buena comunicación.

La estructura física de la agencia, ¿ayuda a reducir los conflictos?

Ayuda. En la antigua oficina, los despachos estaban cerrados y en esta, ex-cepto en algunos sitios, hemos hecho unos espacios abiertos para que la gente se vea y se oiga: que cuando pases veas lo que hay en las mesas. Al principio quita intimidad, pero al final la gente se acostumbra y trabaja y te da la posibilidad de comunicarte, e incluso más: la gente suele felicitarse. Y no es solo eso, también se suelen decir «qué feo» o «ese titular no es un titular» o «ya he visto esa idea». La realidad es que hay como un respeto raro, como si la gente magnificara, que es algo que pasa a los creativos con sus ideas. Entonces hay un respeto raro a no herir. Esto es una oficina, y si alguien diseña un coche que es igual que un *Ibiza* pues le dices que está muy bien, pero que es igual que el *Ibiza*. Pues aquí debería ser igual. Sin embargo, aún existe un extraño respeto.

¿Cambiará?

Yo creo que es un proceso. Al final, todo lo que pasa bueno en la agencia es culpa de la dirección, y ni que hablar de lo malo. Lo malo es porque la dirección lo ha permitido. Y si alguna vez hay un personaje que frena una idea muy importante, yo creo que hay que castigarle, aunque suene muy duro. Hay que reubicarle porque lo que no puede ser es que una agencia trabaje mal sabiendo cómo se trabaja bien, solo porque alguien lo impida. Eso, además, suele dar lugar a miedos personales sin lugar. El otro día tuve una reunión con los creativos, cogí las 5 últimas campañas para televisión y les dije todo lo que no me había gustado. Entonces, uno de los creativos lo interpretó como un ataque frontal contra él. Es muy difícil decirle a un señor que se siente «padre» de una obra que esa obra tiene 4 granos horribles, pero que si procura quitarle esos granos, la próxima vez entonces sí que será increíble. El problema de la gente en general es que no oye la segunda parte del mensaje. Escucha lo malo.

Evaluar es un proceso complicado.

Sí, es un proceso que no es fácil porque entran cuestiones no solo de trabajo, sino humanas. El ego es una cosa terrible y existe. Se puede herir a un publicitario diciéndole que su campaña no es buena. Incluso te das cuenta de que hay gente a la que le hieres el ego cuando no le felicitas.

¿Qué motiva al creativo en el día a día?

Yo creo que ahí hay una cosa que nadie acepta, que es un tópico, pero no deja de ser real: el poder. Tú haces una pieza, y si sale, ahí hay un reto terrible, con un punto de fascismo, que es que yo intento que todos hagan lo que yo quiero. Eso es una cosa que existe y que tiene potencia. Otras que tienen mucho peso: el reconocimiento inmediato, interno y externo; el reconocimiento de la profesión también, aunque a mí no me motiva casi nada, y lo digo con el corazón en la mano. Hay creativos a los que los festivales les motivan terriblemente: triunfar dentro de su círculo les motiva. A mí me parece preocupante. Yo creo que en esta agencia no es de las que eso se da a menudo, probablemente porque hemos luchado toda la vida para que no sea así. Yo creo que uno no puede trabajar para los festivales. No obstante, si te premian por un trabajo que veías exactamente por donde debía ir, eso es un gran premio. El cliente está encantado, y además te han dado el león en Cannes. Genial. Cuando tú estás trabajando para ganar el premio en el festival y no te lo dan, la sensación de fracaso es terrible. Pero esa motivación existe y seguirá existiendo. Luego, hay una cosa que a mí me parece muy importante: cuando salgas a la calle, compres el periódico, veas la televisión, veas una valla publicitaria, sentirte orgulloso. Por otra parte, es terrible cuando ves un *spot* tuyo y no te gusta. Aunque parezca absurdo, la capacidad de no avergonzarte de lo que haces es muy importante. Al final, todos buscamos excusas: «salió así porque el cliente me lo cambió», que probablemente sea verdad, pero siempre digo que un cliente no aprueba nada si no se lo presentas. No encontrarte con un trabajo que te avergüence me parece una cosa importantísima. Creo que, más allá de los festivales, importa que la publicidad esté bien.

También sigo pensando que hace falta mucha ilusión para que a uno le vaya bien; creo que hay gente, incluso en esta agencia, a la que no le entusiasma tanto como a mí me gustaría. Creo que, para triunfar en ella, te tiene que entusiasmar de verdad. Luego hay gente que llega muy arriba, pero que no disfruta cada día con el trabajo de su agencia. No lo ha entendido. La gente que de verdad triunfa es gente a la que le entusiasma este oficio. Creo que se ha racionalizado todo mucho más. Es una profesión apasionante. Ahora puedes medir cada vez más la efectividad de tu trabajo. Es un trabajo, para mí muy excitante pero cada vez más duro. Antes era muchísimo más fácil y más divertido, frívolamente hablando.

Para terminar, ¿qué criterios de valoración usas cuando te enseñan un trabajo?

Eso es todo un tema. Yo diría que, a veces, no evalúo. Yo sé que en la agencia hay un proceso con un cliente que no conozco, que no sigo el proceso, y alguien me pasa la campaña. Yo la veo, porque me hace mucha ilusión, por curiosidad, pero hay veces en las que no opino, otras en que intento ser honesto sin tener idea del *briefing* o de la campaña. Me puede parecer simpática, cachonda, divertida, creativa, novedosa, pero no sé si es buena o mala. Entonces, yo intento saber todo lo que hay que saber sobre eso, que alguien me lo explique, «mira, la situación es esta, el mercado es este, lo que pasa es esto», y ahí todos acabamos utilizando para evaluar el posible talento que tengamos, la posible experiencia.

JOSÉ LUIS ESTEO

¿Qué consejo darías a alguien que quiera dedicarse a la publicidad?

En publicidad lo que debes aprender en la Universidad es una actitud. Hay otras profesiones que requieren conocimientos técnicos. Sin embargo, creo que en Publicidad obviamente está muy bien adquirir conocimientos, pero lo más importante es una actitud que te posibilite estar abierto a todo, apasionarte, integrarte. Este es un negocio muy duro. Estamos sometidos a exámenes todo el día. Te tiran tres o cuatro campañas y lo importante no solo es que seas capaz de hacer una campaña, sino que seas capaz, después de que tu cliente rechace la idea, de buscar fuerzas y energías para hacer otra y otra y otra. Por ello, la mayor carencia reside en la enseñanza de actitudes. Recuerdo que donde estudié todo era muy funcionarial por parte del claustro y por parte de los alumnos. Éramos bastante menos que ahora. No obstante, tú veías a unos pocos, unos diez, que éramos los que siempre interveníamos e incluso los que cuestionábamos lo que el profesor decía. Y estos somos ahora los que tenemos puestos de mayor responsabilidad dentro de la profesión. Los conocimientos están bien tanto en el plano práctico, aspectos directamente relacionados con la profesión, como en el plano teórico. Yo no soy ni de los que definen la Universidad como algo esencialmente teórico, ni de los que defiendo una Universidad tipo Formación Profesional: las dos cosas tienen que ir unidas. Lo interesante es precisamente un equilibrio: que te enseñen a llevar a la práctica los conocimientos teóricos adquiridos. Además, los publicitarios tienen que tener la mente muy abierta, dominar todos los planos, no decir, por ejemplo, que solo me gusta *esta* Literatura. Te tiene que gustar toda la Literatura. Porque después te puede tocar un cliente donde debas desarrollar un humor increíble porque el producto lo necesita, pero igual para otro cliente necesitas hacer un poema maravilloso. No obstante, la laguna más importante está en la falta de actitudes. Falta una actitud guerrera. Ya no hay garra. Ahora no es difícil entrar a trabajar en agencias, es incluso más fácil que antes. Afortunadamente, la publicidad nunca ha sido un coto cerrado. Lo único que necesitas es tener talento y no que seas hijo de tal o cual. Antes era una nueva profesión, mas endogámica, donde la gente llegaba de rebote. Ahora, de la gente que está arriba, mucha ya tiene formación universitaria, viene de la facultad y sabe qué es buscar trabajo. Y es más receptiva. Por ejemplo a mí me llegan cada día 20 ó 30 currículos. Yo no puedo llamar a nadie por un mero currículo. Yo estoy buscando a gente que sea diferente. Que sea capaz de enganchar contigo, porque ha sido capaz de seducirte, porque lo ha hecho de una manera diferente. Al final, es como un anuncio en televisión: ves cien y hay solo uno que te llama la atención. Resumiendo: busco la actitud y el ser diferente.

¿Qué otras cualidades busca?

Después de seleccionar el currículum y ver sus carpetas, sus trabajos, llega la tercera parte: el contacto directo. Intentar ver si esta persona está abierta a aprender. Si es una persona que tiene talento, pero tiene cierto engreimiento, la descarto. Si por el contrario, la persona tiene una actitud constructiva y encima un trabajo interesante, la contrato. Todo esto es más una cuestión de olfato que de otra cosa. No obstante, en esta agencia es difícil contratar a mucha gente porque la empresa está asentada sobre una perspectiva de pocas personas y muy serias, con años de experiencia. Ahora empezaremos a contratar gente nueva y sin mucha experiencia, y más que para formarles, es para que nos formen a nosotros.

Que nos saquen un poco del onanismo. Nosotros estamos un poco ahí, en nuestro mundo y es bueno que, de repente, venga gente con un poco de aire fresco. Lo que no queremos es simplemente gente que venga a aprender nuestros clips y a repetirlos, eso no nos interesa. Necesitamos es gente con otra visión.

La actual estructura de la agencia, ¿es la más adecuada para fomentar la creatividad?

Creo que es un momento maravilloso para todo tipo de estructuras de agencias. Hay hueco para la gran compañía, muy estructurada y donde es más lógico que tenga cabida la gente recién licenciada. Una compañía de gran tamaño –200 ó 300 personas– tiene *seniors*, *semi-seniors*, *juniors*... Entonces, ahí es donde tiene hueco la gente que sale. Habitualmente se les asigna un *senior* que les supervisa. El *junior* genera ideas y el *senior* las corrige y las presenta, así no hay problema de malentendidos o errores cuando presentan ante el cliente. Pero cada vez hay más agencias que se salen de estos moldes de estructuras. Estamos nosotros y agencias como S.C.P.F. Agencias a las que no les importa hacer experimentos raros. Pero estas compañías no pueden contratar a mucha gente nueva, y a quienes incorporan, deben ser profesionales muy experimentados o especializados. En estas compañías es donde van a entrar los números uno, pero no los números uno en cuanto a notas, sino los números uno en cuanto a capacidad innovadora. Porque son agencias que están buscando profesionales con una visión muy fresca, que sorprendan. Yo prefiero ver una carpeta que me horripile por ser tan rara, a una carpeta que parezca la de un señor de cincuenta años pero hecha por un chaval de veinte.

¿Cómo ve el mercado?

Hay un hueco para la iniciativa, para inventar tu propia empresa. Hace 15 años entrabas a una agencia de publicidad y veías cómo algunos profesionales con 5 ó 6 años de experiencia se cabreaban y montaban su propia agencia. Y de ahí han salido agencias que han marcado época en la *creatividad*. En cambio ahora, muy poca gente es capaz de montar su propia agencia. Incluso me llegan cartas de profesionales que dicen que no les gusta su agencia, pero son incapaces de renunciar a un sueldo y lanzarse a la aventura. Existe un gran conservadurismo. Y eso lo digo en las facultades. Todo el mundo se empeña en trabajar en Madrid y en Barcelona y en las grandes agencias. Y hay un potencial inmenso en las provincias. Madrid y Barcelona están saturadas. Sin embargo, se siguen viendo anuncios hechos por agencias de provincias muy malos. Y son malos porque están hechos por gente que no tiene que ver con la Publicidad. Yo creo que es una buena opción la de quedarte en tu ciudad y hacer la mejor agencia seria y profesional de la zona, antes que venirte a luchar muy duro a Madrid o Barcelona. Desde luego que el nivel de facturación es menor, pero la calidad de vida es mayor y también se gana dinero.

Además, la gente está obsesionada con hacer *spots*, y no con hacer una página en el *Diario de Aragón*. Hay que tener amor por el trabajo y no por los fastos, por la gloria y por la fama.

Entonces cree que las motivaciones del creativo están un poco equivocadas...
Sí.

¿Qué es lo que realmente le motiva?
Al mal creativo le motiva la gloria, la fama. Al gran creativo, aunque pueda equivocarse y pensar que es la fama, no busca esto. Aun cuando la tiene, sigue cabreándose porque no le han aprobado un pequeño reclamo. Lo que le interesa al gran creativo es simplemente el trabajo bien hecho. Y se agarra los mismos *cabreos* con un *spot* de 300 millones que lo va a ver toda España, que con un modulito en la página de un periódico o revista. Yo he tenido la suerte de trabajar con los números uno de agencias famosas, y ves que el mediocre creativo pone todo su empeño en las cosas que va a ver mucha gente, que tienen mucha inversión. Y sin embargo, tú ves al número uno de este país como director creativo y ves que se cabrea por un faldón miserable.

¿Inculcas esta visión a la gente que tienes a tu cargo?
Hay un primer momento, cuando tienes veintitantos años, en que a todo el mundo le gusta aparecer. Pero tiene que haber un proceso de maduración, no puedes estar así toda la vida. Y esa maduración pasa por seguir siendo exigente con tu trabajo. Y ser una persona que te gustan mucho los premios, pero por la calidad del trabajo que has hecho. Pero si un día haces un trabajo del que estás orgulloso y no te llevas una felicitación, de lo que tienes que ser capaz es de ser más duro de lo que pueden ser los demás: tirar muchas campañas antes de escoger una. Yo, por ejemplo, tengo trabajos que han sido leones y no los tengo en la carpeta, porque internamente yo consideraba que no era una gran campaña y que podía haber sido mucho mejor. Y esas son actitudes que se deben inculcar a la gente. Es decir, que no estén tan atentos de lo externo y alimentar una autorreflexión muy grande.

¿Cuáles son sus tácticas para motivar a los creativos?
No las tengo, simplemente hablo con mi gente para que comparta mi filosofía de trabajo. También he de decir que soy muy duro. Cuando no veo las cam-

pañas, se lo digo claramente. Y no es que sea borde, sino muy sincero. Pero ellos
también me lo dicen a mí. Por ello es muy importante la capacidad de la gente,
la capacidad de aguante y la capacidad de escuchar a la gente. Cuando alguien
te enseña una campaña y le dices que es muy fea y no te gusta, y este se bloquea
y se cabrea y lucha en la defensa, entonces mala cosa. Por eso tienes que tener la
capacidad de autocrítica suficiente y de aceptar las críticas. Y no solo de eso, sino
de buscar las críticas. Recorrerse toda la agencia para que te lo vayan criticando
antes de llevarlo al director creativo. Escuchar y después decidir, aunque a veces
opten por no hacer caso a nadie. Primero escuchar, luego ver en qué se tiene razón
y después si se está convencido, seguir hacia delante. No siempre se puede contentar a todos. Primero escuchar, pero escuchar de verdad, no para quedar bien. Esto
es difícil y hay gente que no lo acepta. El ego es muy importante en los profesionales que se dedican a la creación de ideas. Es como en el arte.

La valoración es un poco intuitiva.

No. Primero, el cliente nos ha dado un *briefing*, y nosotros elaboramos la
estrategia. Se la hacemos saber al equipo creativo, entonces tiene oportunidad
de refutar esa estrategia. Y finalmente, sale una estrategia conjunta. Esto puede
llegar a durar una semana. Después, el equipo creativo se pone a trabajar. Y se
debe ser fiel a la estrategia. No vale decir que tengo una buena idea que va por
otro camino, por otra estrategia. Esto es lo primero que tiene que cumplir. Y después, debe ser sorprendente. No vale que esté dentro de la estrategia, pero que sea
algo anodino. Esperamos que nos sorprenda como al espectador; pero además,
nosotros somos profesionales y hemos visto mucha publicidad, con lo cual lo que
te aseguras es que la campaña va a sorprender. Y éste es el camino de evaluación
que seguimos.

¿Cómo es, entonces, la relación con el cliente?

Intentamos tener mucha relación con el cliente. Lo que sucede es que los
clientes muchas veces están tan metidos en su mundo que no tienen la capacidad
de observar las cosas desde fuera. Están tan metidos en las ventas diarias que algunos son incapaces de elaborarte un *briefing*. Nosotros intentamos tener mucha
relación con ellos. Yo me intento reunir todas las semanas con ellos y les pregunto
cómo van las ventas, el producto, etcétera, y ellos nos cuentan. Pero al final, intentamos ser nosotros los que destilamos sus inquietudes y llegamos a una conclusión. Y hay veces que cuando llegas con una conclusión al cliente, este te dice:
«No, no y no». Y ahí somos fuertes con nuestra campaña: cuando escogemos ese
camino es porque estamos muy convencidos y porque lo hemos analizado deteni-
damente. Otras veces, el cliente te dice «por aquí» y está muy claro. Lo que te da

el cliente es información, pero nosotros no pretendemos hacer anuncios informativos, porque si quieres contarlo todo, al final no cuentas nada. No tenemos más remedio que introducirlo todo por un embudo y concluir en algo.

¿Cómo tiene que ser la relación del cliente con la agencia?

La agencia y el cliente deben verse como socios, como amigos. El cliente no debe ver a la agencia como un proveedor, ni la agencia debe ver al cliente solo como cliente. El cliente y la agencia deben estar en el mismo barco y este es el barco de las ventas. Pero no de las ventas entendidas en el sentido de cuántas unidades voy a vender, sino en las ventas y en el posicionamiento de la marca a largo plazo. Y entonces se deben sentar y discutir mucho y llegar a un punto común. Lo que ocurre es que sería más deseable que los clientes mirasen más a medio plazo que a corto. Que diesen *briefings* y no solamente tareas. En estos momentos, un 80 por 100 de lo que los clientes dan no son más que tareas.

Ahora los clientes conocen mejor el mundo de la publicidad, ¿cómo afecta al proceso de trabajo?

Van aprendiendo mucho sobre este oficio, sin embargo, hace veinte años eran clientes con pocos conocimientos, pero con mucha intuición y valentía. También quizá porque el que decidía solía ser el dueño de la compañía. Ahora hay mayor conocimiento, pero al haber escalafones tienen una capacidad de riesgo menor. Nadie se quiere arriesgar. Todos delegan y nunca toman decisiones. Y en este negocio, no debemos olvidarlo, hay que tomar decisiones.

Tú ves que las grandes marcas, en su comunicación, han mantenido unas relaciones directas con su agencia y en las que el cliente tomaba las decisiones. Por ejemplo, el caso de *Nike*. Confiaron hasta el final en una agencia. Y así todas. A veces te equivocas en algún anuncio, pero los que más saben son los de la agencia. Te puedes equivocar, pero para ser una marca líder hay que tomar riesgos. Riesgos que tampoco son tantos. Hay muy pocos casos de campañas que hayan hundido una marca. La publicidad no lo es todo. Tienes más posibilidades de ganar que de perder. Puede ocurrir que una campaña no tenga efecto, pero pocas veces esta tiene un efecto contrario al deseado. Y esto los clientes no lo tienen claro.

¿Cómo es su jornada laboral?

Tenemos un horario oficial, pero en realidad, cada uno viene cuando quiere, siempre que respete a los demás. Es decir, a mí me da lo mismo que una persona no aparezca hasta las doce del mediodía y después esté hasta las tres de la mañana –cada uno tiene sus responsabilidades–, salvo que a las diez de la mañana alguien le esté esperando para una reunión. Esto no lo permito, me parece una falta de respeto. Pero cuando no existen ese tipo de cosas, creo que cada uno tiene la libertad, la madurez y el sentido común para organizarse la vida como quiera. Ya no solo por ellos, sino porque en esta profesión igual tienen que estar a las dos de la mañana en un montaje. Y eso es uno de los problemas que no tienen solución. Y sucede más que antes, cuando los líderes eran los automóviles. Ahora, con las compañías de telefonía, te mueves en cuestión de días. Si la competencia saca una rebaja, o la sacas tú al día siguiente, o la has fastidiado. A mí me encantaría tener un horario fijo y saber qué voy a hacer cada día, es lo que más me gustaría en la vida, pero nunca sé si me van a hacer una llamada diciéndome que necesitan algo para mañana. Es el caos. Igual ocurre con la cantidad de trabajo, a veces hay poco y otras veces hay demasiado. Me encantaría poder indicarle al cliente cuándo tiene que hacer sus campañas, pero no puedo.

¿No es perjudicial para el creativo?

Posiblemente, un horario donde pasan tantas horas en la agencia sea perjudicial. Pero a veces en las agencias hay una actitud de que si la gente no se queda hasta tarde, incluso si no tiene trabajo, no queda bien. Y yo no tengo ningún problema con eso. Yo recuerdo una vez que tuve un equipo *junior* que se pegaba aquí hasta las tres de la mañana viendo anuncios. A mí me da lo mismo si estudias aquí todos los días; van a trabajar más horas por el mismo dinero, pero a mí me parece que ver anuncios lo único que genera es repetir anuncios. Lo que se debe hacer es salir a la calle, y ver a la gente cómo es. En otras agencias no pasa, si te vas a las siete de la tarde porque no tienes trabajo, te miran mal. Esta actitud no tiene mucho significado para mí. Prefiero un creativo que me venga al día siguiente diciéndome que se ha visto tres estrenos, que uno que estuvo tres horas aquí para colgarse medallas. Pero eso también lo notas. Notas a la persona que es abierta, notas a la persona que reflexiona sobre su propio trabajo. Esto es muy importante, hay mucha gente en publicidad que nunca se ha puesto dos minutos a reflexionar sobre dónde empezaron y dónde están. Actúan por inercia. Cuando veo a alguien que viene a mi departamento y me dice, «oye mira, creo que estamos abusando del humor», o de lo que sea, me parece increíble. Ese creativo está pensando en lo que hizo ayer y a la vez sigue trabajando en el siguiente encargo. No lo olvida y ya está. Y esta capacidad la tiene poca gente. No es una cuestión de codos, sino de estrujarse el coco y buscarle cinco pies al gato. Tengo creativos que me han pedido una o dos semanas para irse a Perú a rodar un corto..., y a mí me ha parecido genial.

No obstante, muchas veces, los que se quejan de los horarios son aquellos que, si salieran a las siete, seguro que no ha harían nada provechoso en su vida privada. Una persona que se va a pegar hasta los cincuenta años haciendo lo mismo, pues no me interesa. Y suele coincidir. Los que se quejan de los horarios son de este estilo.

¿Influye el entorno físico para crear ideas?

Influye, pero de modo relativo. Una buena campaña se puede hacer donde sea. Pero es interesante que la decoración sea adecuada. Que el entorno exprese algo. Por ejemplo, en Alemania hay una agencia donde no puede haber un solo papel sobre la mesa para no distraer a nadie.

¿Cuáles son las características que busca al formar un equipo creativo de garantías?

Busco talento, complementariedad. Si uno es introvertido, que otro sea extrovertido. Equipos de dos personas que tengan *feeling*. Esto hasta ahora, porque en este momento hemos llegado a un punto donde los equipos se conocen perfectamente, y existe un cierto aburguesamiento. Por eso estamos en un proceso de intercambio. No se trata de competir entre ellos, como hacen algunas agencias, sí de intercambiar equipos: poner a un *copy* con un director de arte con quien nunca había trabajado, por ejemplo.

¿Cuáles son los conflictos más habituales?

La rivalidad, y eso es lo que queremos evitar. Que los equipos no sean autónomos. Así vuelven a compartir sus ideas con el resto de la gente, incluso uno de cuentas les puede dar la idea maravillosa, pero el creativo es quien después debe ser el que, tras haber escuchado y guiándose también por la intuición, decida y se responsabilice. Ha habido campañas que no nos gustaban y que el creativo apoyó hasta el final, y que luego han sido un éxito.

NICOLÁS HOLLANDER

¿Quién es el cliente ideal?

Es alguien que tiene criterio, y hay muy pocos, a mi entender. Criterio creativo, criterio publicitario y luego que sea la gente que toma las decisiones, la gente que apuesta por una idea y que te la lleve y sepa que con eso va a salir a la calle. Hay un grupo de clientes donde las agencias están presentando y te da la sensación de que es un simple trámite: no toman la decisión, ni se van a implicar, ni su opinión tiene trascendencia dentro de la compañía. Sin embargo, hay personas claves, que a lo mejor no siempre son el director general de la compañía o el consejero delegado, sino son puestos de director de publicidad pero sabes que ese señor va a mover algo, y sabes que esa presentación es importante. Evidentemente, me siento más cómodo con el que toma la decisión, para bien o para mal, porque sabes si eso va para delante o no. El problema es cuando estás presentando y permaneces en un mundo irreal.

También, lo ideal, es presentarle a alguien que toma las decisiones, no solamente por la viabilidad de esa campaña, por sacarla adelante, sino porque ahí es donde uno recoge información de si quiere trabajar de nuevo y sabes a qué atenerte. Lo perjudicial de este trabajo, y ocurre muchas veces, es cuando no sabes por dónde va el rollo y por dónde va la compañía.

¿Qué otras virtudes valora del cliente?

Que tome riesgos, que le guste la publicidad y de nuevo, que tome las decisiones. Hay casos donde encuentras clientes que tienen todas estas virtudes. Curiosamente, cuando esto sucede, es cuando mejor funcionan las cosas. Saben reconocer una campaña y, por supuesto, tienen cultura publicitaria. Creo que las grandes campañas se dan porque hay un gran anunciante capaz de tomar decisiones y riesgos.

¿Tiene el departamento creativo un horario fijo?

El departamento creativo tiene un horario más que flexible. Se entra sobre las diez y media de la mañana, pero yo creo que a esa hora no ha llegado ni la mitad de la gente. Del horario paso muchísimo, sobre todo cuando tengo confianza con la gente. Además, lo que sucede es que este es un trabajo que tiene una sobredimensión. En primer lugar, se llama creativo, que suena un poco pretencioso y tiene un punto artístico, que en el fondo no lo es: esto es un oficio. Sin embargo, todo el mundo es creativo. Profesionalmente, son muy viciosos del trabajo, no solo por cumplir. De hecho, viven por su *book*. Su carpeta es lo que les va a asegurar el sueldo y un futuro en la profesión. Entonces, no es simplemente un trabajo. Vives tan pendiente de tu propio trabajo que te vuelves un adicto y eres más ambicioso, y para cualquier proyecto te das y te das. Por eso, no les importa quedarse tarde por la noche, trabajar los fines de semana, todo, pero dentro de un orden. Pero también creo que hay mucha ambición. También la media de edad es muy baja y tienes menos ataduras familiares y ese tipo de cosas. Por tanto, me siento incapaz de hacer que un creativo entre por la puerta a las diez de la mañana si ha estado trabajando todo el fin de semana. No, no sería capaz, sería un estúpido.

¿Cómo es el ritmo de trabajo?

El trabajo es desorganizado y se trabaja hasta tarde. El trabajo creativo siempre será así. Entonces, no puede existir un horario estable, porque además, depende del trabajo del cliente, depende del trabajo de cuentas, pero también depende del trabajo de ilustradores, de fotógrafos, de productoras y bueno, pues es normal acabar a las ocho o nueve de la tarde. No hay control de horarios sobre los creativos. Otra cosa es si ese señor no rinde. A mí no me importa que un señor trabaje dos horas si hace un trabajo excepcional: hay gente que necesita menos tiempo y otros que necesitan más.

¿Cuáles son las consecuencias que generan pasar tantas horas trabajando?

Yo creo que el trabajo de cualquier creativo es un reflejo de lo que pasa en la calle, y cualquier campaña surge de algo concreto. Aquí nada surge por intuición divina, sino que todo tiene un reflejo, cualquier película viene de algo, cualquier *spot*. Cualquier cosa viene de algo: músicas, lo que pasa en la calle. Se ha llegado a un punto en el que no se lee el periódico, algo que parece una tontería, pero no lo es. No se ven películas, no se sabe qué hay en la radio. La información es crucial. En este punto, llegamos a otro tema: la que trabaja es gente joven. La media de edad es extremadamente joven, y eso lleva a vicios en la formación. Aquí, para un creativo de 25 años, que llega y sale por la noche, el periódico es una tontería. No se trata de saber si han puesto una bomba o no, pero se trata de conocer por dónde van las corrientes. Es decir, hay acontecimientos que son importantes, que tienen una repercusión social tremenda. Si no tienes esta información, estás limitando tu capacidad de adaptarte a una publicidad que está huyendo de la publicidad y busca acercarse a la realidad. Los modelos de la publicidad están desapareciendo, solo quedan en la mala publicidad. La publicidad imita a la vida o intenta acercarse mucho; por tanto, tienes que estar ahí, tienes que verlo. No veo forma de atajar este problema. Yo creo que cada persona tiene que apañárselas para lograr enriquecerse aun con este horario laboral.

¿La flexibilidad es la mejor forma de llevar el trabajo creativo?

Sin duda la flexibilidad es la mejor opción. No solo le veo toda la ventaja del mundo, sino que no veo otra opción. No puedes cerrarle el horario a un creativo y luego llegar y decirle que el trabajo termina a las seis, como el sistema anglosajón. No obstante, ¿qué ocurre en otros países? Que los sindicatos te obligan a trabajar unas horas y hay un control mucho mayor. Pero yo creo que aquí eso nunca se ha dado. Si tienes una preproducción por la tarde, la tienes. Si te surge un trabajo y tienes que presentarlo mañana por la mañana, lo preparas por la noche. Claro, no puedes trabajar una noche y otra noche porque llega un momento en el que te fundes.

Muchas horas de trabajo, muchas horas en la agencia...

Hay tanta obsesión por sacar cosas, por hacer una carpeta, por hacer una película, por rodar, por que salga la gráfica... Se ha formado una escala de valores donde tu tiempo privado no es primordial. Probablemente, cuando ya tienes una bobina formada, bajas de ese tren de vida y pruebas otras cosas del mundo externo. Sin embargo, creo que la obsesión por tener es lo primero, y me parece muy sano también. Es un trabajo de muchos egos y lo que pasa es que se forma un círculo vicioso lejano de la realidad. Trabajas hasta las mil en la agencia y luego te vas a tomar algo por ahí donde hay gente de otras agencias y te pones a hablar de publicidad. Al final, tanta relación en tu tiempo libre con otros profesionales de otras agencias es muy perjudicial. Es peligroso porque la gente enseña mucho el ombligo y luego, cada vez importa más lo que piensan. Es muy importante la opinión de los demás y la del amigo que está en otra agencia y que vive con envidia porque tú has hecho una película.

¿Qué más le motiva al creativo?

Ganar premios. Reconocimiento del círculo donde se mueve, dentro y fuera de la agencia. Dinero. También motiva aparecer en las revistas del sector, pero sobre todo que sea bien valorado su trabajo. Lo peor para el creativo es que tenga un periodo de sequía, es decir, llevarte seis meses sin que nada tuyo salga. Y eso ocurre, o siete meses o un año. Forma parte de lo normal. Hay muchos altibajos en este trabajo, de repente tienes un periodo en el que en tres meses sacas tres películas excepcionales, y de repente tienes un periodo fatal, y eso provoca una crisis muy importante. De la crisis tienes que salir porque provoca, además, una crisis en el pensamiento: «Mi trabajo no sale, mi trabajo no gusta, la agencia no apoya lo que yo hago». Y de ahí a una crisis personal, y eso no se soluciona hasta que salga algo tuyo.

¿Cómo reactivar a un creativo bloqueado?

El director creativo es muy importante en estos casos. En el momento en que hay un bajón y las cosas no salen, creo que a esa persona hay que darle un proyecto de esos que tienen una fecha cerrada para presentarlo dentro de unos dos meses. Por ejemplo, una promoción. No es presionar al creativo, sino darle algo que sabes que va a conseguir y así, le vuelves a dar vida.

¿Cómo son los timings?

Uno siempre sueña con plazos de cuarenta y cinco días, en plan americano, pero aquí se nos dan plazos razonables. Yo creo que siempre se han criticado aquí los plazos de poco tiempo, y eso ha hecho que nos acostumbremos a trabajar de una determinada manera. Yo me doy cuenta de que siempre, al final, tenemos tiempo. Pero si tienes un mes, los primeros quince días te los tomas con mucha calma y las últimas semanas le pegas un empujón bestial y finalmente, estás agobiado. Yo creo que el agobio es positivo. No significa que siempre sea bueno mantener esa sensación. Con tiempo se trabaja de otra manera, quien está acostumbrado a eso no puede trabajar bajo presión. Pero creo que el mercado trabaja con tiempos muy limitados, y nos hemos acostumbrado a trabajar así. Hace años, quince días era un verdadero inconveniente. Ahora quince días son un plazo perfecto para una campaña. Una semana es razonable, hoy por hoy. También depende de los trabajos.

A la hora de plantearse la idea creativa, ¿dispone del dato del presupuesto? ¿Cree que influye en la creación?

Con películas pequeñas es muy importante saber el presupuesto porque si no, creo que es una pérdida de tiempo. Es un requisito importante para que la película sea de una determinada forma. En campañas más grandes, yo creo que los presupuestos nunca están establecidos, sino que se pueden negociar. Los clientes pequeños son distintos. En los clientes pequeños es importante el presupuesto. No vas a hacer para un cliente pequeño un *spot* de cien millones. Normalmente, yo creo que en la cabeza tienes bastante claro de qué estás hablando con cada cliente, sobre todo cuando son clientes para los que trabajas habitualmente. Con los grandes no creo que sea tan importante. Yo creo que es más importante una idea buena y pelearse por meterse en la producción que al revés.

¿Qué baraja a la hora de diseñar un equipo creativo?

A nivel profesional, lo que busco es que el trabajo que han hecho me guste y piense que es el que yo quiero, más o menos, para la agencia. Que dentro de ese trabajo, una parte sea conceptual, es decir, yo primo sobre la realización y sobre cualquier otra cosa la parte conceptual: que haya un concepto y una idea clara. No me importa que esté mejor o peor hecha, pero que el proceso por el que se ha llevado tenga cabeza, que se pueda concentrar en una frase, en una idea. Y luego lo fundamental son las ganas. Los arrebatos de la ambición, eso es lo que se necesitan. Me interesan menos los que vienen de vuelta, que han estado en muchas agencias, que han hecho un trabajo muy bueno, pero les preocupan otras cosas en este momento. Contrataré la gente que se mueva mucho. Yo quiero a profesionales que trabajen en la agencia para ellos, no para la agencia, porque al final, la suma de todo será la agencia. Ojalá la bobina de cada uno sea tan perfecta que acaben yéndose en dos años. Mi objetivo es que en dos años todo el mundo renueve su bobina, que ponga lo que han hecho durante ese tiempo aquí.

¿Cómo construyes los equipos?

Creo que nunca sabes cómo van a funcionar dos personas juntas. Pasan muchas horas juntos y es difícil saber cómo van a funcionar. Hay equipos que se han venido juntos. Creo que ahora hay más equipos que trabajan juntos que cambian de agencia porque tienen lo que quieren, las cuentas que desean o las condiciones de trabajo buscadas. Luego, yo creo en la complementariedad del equipo: hay gente que habla más, otra más introvertida, hay gente que tiene una dirección de arte muy buena y menos pensamiento estratégico o conceptual... Pero creo bastante en la complementariedad, sin que sea demasiado extremo. La gente demasiado parecida no funciona junta.

Si un equipo no funciona, en esta agencia existe la posibilidad, por la cantidad de gente que hay, de cambiar. Es exactamente igual que en el matrimonio, no es que uno tenga la culpa, sino que algo falla en ambos. Hay que buscarle una salida, y que esta sea lo menos traumática posible.

¿Cuáles son los conflictos más habituales?

Los más habituales se dan cuando uno quiere dedicar más horas que otro. Uno, más ambicioso de cara a festivales y otro que piensa menos en ellos. A uno le puede interesar más el mundo del *trucho*, que es otra de las cosas que hay que evitar –uno lo ve como un divertimento y otro, como algo vital en su vida–. Y otro punto es la sensación de que el otro es más valorado en la agencia que él. Un poco de celos, generalmente entre la gente de poco carácter. Normalmente, este punto es generado por el más introvertido, que le parece que todo el trabajo es del otro, que se está quedando atrás.

¿Existe una protección del territorio, de la propiedad de las ideas dentro del departamento?

No. Yo lo he tratado de evitar porque creo que no es bueno. Para ello he dispuesto una reunión mensual con todos. Se discute con todo el mundo, y la gente propone ideas y trabajos. Se hace en los ratos libres y ratos tontos, pero con cierta periodicidad, porque si no, esta práctica se abandona. Yo hago una selección y lo hablo con la gente de cuentas, un poco en función de qué puede estar de acuerdo con el razonamiento, con la estrategia de cada producto. Las cosas que sí se aprueban se mueven a nivel conceptual, y se proponen acciones al cliente; la agencia llega incluso en cosas más arriesgadas a pagar la producción para lograr más facilidad de cara al cliente y probar el mercado, testarlo. No estoy hablando de *truchos*. Estoy hablando de generar cosas que puedan salir. Se genera ingenio, se genera un mejor ambiente, y todo eso funciona a la hora de hacer cuentas, a la hora de vender y de dar trabajo. Además, estas ideas generan una interactividad en la agencia que es muy buena también en la relación con el cliente. Y eso contribuye mucho a mejorar.

¿Cuál estructura de las agencias es la más adecuada para una buena creatividad?

La buena creatividad la hacen las personas. Yo no creo en las estructuras de las agencias. Las estructuras forman parte de un organigrama de relación con el cliente, pero en el fondo son pocas personas las que mueven la agencia. La dirección o el rumbo que toma una agencia la llevan cuatro o cinco personas.

Vamos hacia otro tipo de estructura...

Sí, las agencias van a cambiar hacia la reducción del número de personas. Yo creo que se trabajará con menos gente. Tengo el pensamiento de que se va a reducir a un contacto de una imagen de la marca, de un pensador de estrategias y de marcas que será un *freelance* probablemente, y grupos de trabajo más creativos que trabajarán en internet, marketing directo y publicidad convencional. Yo pienso que se va a trabajar en grupos de cuatro o cinco personas en internet, marketing directo y publicidad y con una estrategia global. Pero yo creo que van a ser grupos de gente que se metan a determinadas cuentas. Las funciones de cada uno van a estar más delimitadas de lo que están.

¿Cómo evalúa los trabajos?

Los criterios para evaluar una pieza no son nunca racionales. Yo creo que hay dos cosas: puedes valorar un trabajo con el *briefing*, es decir, ¿cumple con lo que se pide? ¿Está de acuerdo con la personalidad de la marca? Eso se evalúa racionalmente y puede estar dentro del *briefing* y ser una pieza muy mala. Si es buena, yo creo que la evalúas visceralmente. Igual que cuando ves la televisión. Uno piensa, «¿por qué me ha gustado el de Audi?». Es un tema también de experiencia, de lo que no se haya hecho antes, de lo novedoso, que sorprenda y, evidentemente, que cumpla y que esté en línea con la indicación, pero no creo que haya manuales con las diez reglas de oro.

PACO SEGOVIA

¿Cuál es grado de relación del departamento creativo con el cliente?

El departamento creativo es quien tiene menos relación con el cliente. Lo que sucede, desafortunadamente, es que los ejecutivos del departamento de cuentas comienzan a usar a los creativos para recoger *briefings* y luego, por supuesto, hacer la campaña que es nuestro trabajo, y más tarde presentarla. Ello hace que estemos teniendo mucho más contacto con los clientes. Así, por un lado, los conocemos más. Sin embargo, por otro lado, al conocerlos más y estar más cerca de ellos, por saber sus problemas y las necesidades que tienen, estamos contaminando la Creatividad. Yo creo que involucrarnos menos en este primer proceso es mejor, porque si conoces el problema muy a fondo buscas la solución adecuada o más fácil, y no soluciones más creativas que también pueden resolver el problema. Creo que este mayor contacto con el cliente hace que realicemos respuestas más directas y menos creativas.

Quiere decir que demasiado contacto es perjudicial.

No digo que el contacto con el cliente sea malo, sino que el contacto excesivo y diario, en vez de enriquecer, nos hace estar demasiado cercanos a los problemas y entonces buscamos soluciones más inmediatas y menos creativas. Creo que esta actitud es la tendencia general, y no solo ocurre en esta agencia. Yo llevo trabajando en publicidad veintiún años, y antes, la tendencia era que Cuentas llevaba el contacto con el cliente y reflexionaba, trabajaba el problema o las necesidades del cliente. Entonces tú no estabas tan empapado del problema, sino que estabas más libre para crear soluciones creativas. Pienso que esta forma de trabajar era mejor. Cuentas no te dejaba mantener un contacto tan directo con el cliente, salvo para contar tu campaña. Y ahora, sin embargo, estamos viviendo un periodo en el que se reclama a los creativos para todo. Estás tan encima de los problemas que resulta muy difícil distanciarse para darles solución.

¿Cuál es la actitud del cliente?

Creo que estamos viviendo un periodo donde los clientes se dejan aconsejar muy poco por las agencias. Estamos perdiendo el papel de consultores. Antes éramos mucho más empresas que aconsejaban a los clientes. Y en cambio, ahora, solo somos una fuente de creatividad para las estrategias publicitarias que el cliente se marca. Por eso los directores de cuentas están perdiendo su territorio. Antes, los directores de cuentas eran publicitarios en el estricto sentido de la palabra. Sabían de todo y eran los consejeros. Ahora, esta función se está diluyendo.

Y en todo esto, nosotros queremos seguir siendo asesores de publicidad y no solo productores de creatividad.

Esto no significa que vivamos tiempos peores. El tiempo discurre, avanza, y los clientes ahora están más estructurados y tienen más recursos humanos. Poseen departamentos de marketing que están más preparados. Sin embargo, creo que los clientes se deben dar cuenta de que el departamento de marketing es marketing y no publicidad. Ellos tienen sus problemas de marketing, y nosotros tenemos que solucionar sus problemas de comunicación, así que deben dejarse aconsejar un poco. Aunque entiendo que es difícil dejarse aconsejar cuando el mercado es tan importante. Es muy difícil que alguien se arriesgue a tener ni un solo error. Quieren abolir los errores y creo que esto es malo para ellos porque, sin un mínimo de riesgo, no se avanza.

¿Cómo ve la situación del horario de trabajo?

Creo que con nuestra gente hay que ser muy respetuosos con su tiempo libre, pero también con el de la agencia. Por lo tanto, el horario tienes que alargarlo por delante, si no lo quieres alargar por detrás. En ese sentido, somos bastante puntuales, pero todo lo que se puede ser en una agencia. De hecho, salvo un par de secretarias, nadie en la agencia respeta el horario. Por otro lado, cuando hay necesidad de alargarlo, nadie protesta y nadie dice que no. La tendencia es a respetar mucho nuestro tiempo libre, incluso fines de semana si no es estrictamente necesario hacer un trabajo un fin de semana. Solo excepcionalmente.

¿Cuáles son sus ventajas?

Las ventajas de un horario tan flexible no son ni grandes ni pequeñas. Creo que es fundamental respetar el tiempo libre de cada persona, que cada uno tenga su propia historia fuera de aquí, y que vea otras cosas y se esté reciclando y renovando constantemente.

Es cierto que hay que dedicarle mucho tiempo al trabajo, pero no mucho a la agencia, a estar aquí. Ha existido una tendencia a venir a las agencias a pasar el rato y luego te ponías a trabajar. Ahora es más anglosajón. Llego por la mañana y me pongo a trabajar, y cuando he acabado, me voy. No pasar horas como si fuese un club social. Quizá antes se veía con buenos ojos a quien estaba muchas horas en la agencia y ahora quizá ya no, por lo menos en mi caso. Hay que dedicarle al trabajo el tiempo estrictamente necesario para hacerlo perfecto, pero nada más.

¿Cómo gestionar la presión del trabajo creativo?

En el sistema de trabajo anglosajón, igual están tres meses dándole vueltas diez horas al día a una misma campaña. Quizá nosotros nos aburriríamos. Aquí

lo acortamos un poco más, pero no se debe acortar a unos tiempos que desembo-
quen en una presión tremenda. Hay que dedicarle tiempo a cada uno. Entonces,
esta agencia está potenciando el tema de tener más gente en menos proyectos. Es
más caro para la agencia, pero más rentable para todos nosotros y para la creatividad. Este es el criterio que seguimos en nuestra línea de actuación, pero no siempre lo conseguimos. Yo llevo aquí año y medio, y mi actitud es no vivir en el agobio
constante porque este agobio, al final, es malo para la agencia. Otros, en cambio,
creen que en el agobio constante y en la tensión aparece la creatividad. Yo pienso
que de las dos formas llega la idea, con presión o con constancia. Y mientras te lo
puedas permitir con la constancia, fantástico. Cuando debas tomar el camino de
la presión, pues habrá que meter presión.

De momento estamos relajados, y puedes permanecer dentro de la vía de
la constancia. Son dos criterios válidos, pero mi criterio es la constancia, aunque
creo que la presión también funciona, y la guardo para ciertas ocasiones que seguro vendrán.

¿Influye sobre la ideación el entorno físico de trabajo?

Creo que el entorno físico le influye a todo el mundo, y creo que es más positivo para el trabajo creativo contar con unas oficinas adecuadas. Influye mucho un
entorno cómodo y un ambiente bueno y propicio para que la creatividad fluya. Creo
que ya hay algunas agencias que se están yendo hacia el centro de Madrid, pero no
buscando vida de oficina, sino ambiente de calle. Lo primordial es marcharse del
entorno de las oficinas porque estas no son la realidad. Una oficina es cómoda, pero
no me parece un entorno suficientemente bueno para crear, para desinhibirse. A mí
me gusta más todo lo contrario, si hubiera aquí una especie de *zoco* para mí sería
mucho mejor, y esta es la tendencia. Por ejemplo, reciclar antiguas fábricas, o como
nuestra agencia en Hamburgo, que se ubica en una antigua cochera de metro. Es
una tendencia irse a sitios extraños, huir del entorno de oficina.

¿Qué características busca al formar los equipos creativos?

Mi criterio fundamental es el carácter de las personas. Prefiero a alguien que
sea buena persona antes que a excelentes creativos conflictivos. Me parece fundamental que la gente se pueda llevar bien y que el entorno sea competitivo, pero
dentro de un marco de amistad. Sé que hay por ahí agencias donde se fomenta la
rivalidad. No me parece un buen camino. Luego busco las características de un
buen creativo: ser capaz de desarrollar un buen trabajo. Sin embargo, no ante-
pongo su calidad de trabajo creativo a cómo sea su personalidad, sino todo lo contrario. A mí no me sirve de nada un maravilloso creativo que se lleve mal con todo
el mundo, porque puede desestabilizar el departamento creativo y no me gusta.

¿Cómo trabajan?

Cada equipo tiene unos clientes fijos, y luego, hay unas cuentas un poco más ambulantes. A veces es un *mix* de todo: hay un porcentaje de fijo y un porcentaje de cuentas móviles. También dependiendo del proyecto que se vaya necesitando, porque igual hay cosas que funcionan mejor con el carácter de otro equipo, aunque la campaña anterior la haya hecho otro. Según el carácter de cada uno, pero con una base de cuentas fijas, porque el cliente lo nota. De vez en cuando cambiamos las cuentas cuando un equipo llega a quemarse o el cliente se quema con ese equipo.

¿Existe un diálogo entre equipos creativos?

Aquí no tenemos ninguna barrera. Si alguien tiene una idea que puede ayudar a otro equipo, se la dice. De hecho, a veces, en nuevos proyectos, con mucha presión o poco tiempo y bastante necesidad de ideas, preparamos dos o tres equipos. Por ejemplo, televisión para unos y la gráfica para otros; y los dos equipos trabajan juntos, y la campaña es de los dos. No quiero que haya rencillas en el departamento creativo, ni que nadie se crea fantástico –aunque lo sea–, pues todo conduce hacia que nadie quiera trabajar con nadie. Digamos que, de este modo, el aporte de ideas, entre unos y otros, fluye de forma más natural y sencilla.

¿Cómo fomenta la creatividad?

Hay varios estilos. Hay directores creativos ejecutivos que tienen bajo su competencia equipos y que a su vez forman también un equipo creativo. Creo que es una forma de hacerlo que está bien, pero creo que no es muy justa para el resto de los equipos del departamento. Primero, porque si eres tú quien reparte el trabajo entre los equipos, podemos aplicar el refrán: «Quien reparte se lleva la mejor parte». Y aunque seas muy equitativo –tengo amigos que lo son–, también ocurre que a veces los clientes son un poco caprichosos y si saben que el director creativo ejecutivo está trabajando para otros clientes, al final quieren que trabaje para él. Y entonces, las campañas que presentan los otros equipos creativos no las aceptan, y al final terminan aceptando la del director creativo. Con lo cual, no es justo. Además un director creativo no es un equipo creativo. Un director creativo es alguien que se va recorriendo los equipos y viendo dónde hay buenas ideas y ayuda a sacarlas adelante, y a que estas sean un éxito. Yo creo que este es mi trabajo: escuchar constantemente ideas y tratar de sacar adelante las mejores. Esta es la parte más difícil y más frustrante del director creativo: no hacer campañas, pero andar ayudando en las de los demás. Es ayudar a realizar campañas que nunca son tuyas, pero todas son tuyas, y es un poco frustrante. Yo creo que la labor del director creativo es supervisar todas las ideas y ver cuál es la que tiene más posibilidades de ser brillante. Y esta es la función principal.

También uno debe tratar de ayudar si hay un equipo más flojo para intentar tener una estructura lo más horizontal posible. A mí no me gusta una estructura vertical, sino que cada equipo sea muy responsable con su trabajo, sin jefes intermedios. Lo que pasa es que esto requiere que tengas que estar muy encima de algunos equipos y que a otros tan solo les tengas que decir cuál es la mejor idea o si tienen que volver a trabajar porque ninguna es buena. Y esta labor de filtro es fundamental que la desarrolle el director creativo. Pero también se debe filtrar desde el departamento de cuentas al creativo y del creativo al cliente.

¿Cómo se motiva a los equipos?

Les pico su moral. Tienen que ser ellos los que vean lo que hay. Yo veo sus ideas y cuando veo que no hay nada les pregunto si están contentos con lo que tienen o si lo pueden mejorar. Los creativos somos vanidosos y nos gusta que nuestros trabajos sean los mejores, y que obtengan premios.

En ese sentido no hay más que picar a cada uno, y al final, terminan dando lo mejor de sí. Por mucha presión que pongas puede que a alguien en ese momento no le salgan mejores ideas. Para eso está el director creativo ejecutivo, se supone que tiene más experiencia y puede aportar más soluciones. No hacer campañas enteras, sino ayudar. No para conducir el coche, sino para empujarlo cuando se quede atascado en la arena.

Pero, ¿cuál es la principal motivación del creativo?

La principal motivación es ver tu idea en la realidad. No hay nada que frustre más que una idea que no te aprueban o que, aun habiéndotela aprobado, no salga nunca al mercado. Principalmente cuando es a nivel cliente, ya que a nivel interno nunca las ideas están tan desarrolladas. Aquí todavía son ideas, y que además, pueden surgir para otra ocasión. No es como dedicar muchas horas y que luego no salgan. De ahí los concursos, el pedir creatividad a dieciocho agencias y que diecisiete ideas se queden en la papelera; es muy frustrante. La pretensión del creativo es ver tu idea publicada.

La siguiente motivación son los festivales. El reconocimiento por tu idea. Y al final lo que buscas con todo eso es dinero, ganar más. Pero yo creo que las prioridades van en ese escalafón. Lo primero, ver tu idea publicada, eso es lo que más motiva. Nadie trabajaría sólo por los premios, nadie trabajaría sólo por el dinero porque si no, no estaría en esto. Básicamente, se trabaja por ver la idea publicada. Comprar un periódico y ver ahí tu idea. Y luego, al final, evidentemente buscas dinero.

¿La estructura de la agencia es la adecuada para la creatividad?

Yo no creo en la estructura de agencia, sino en una estructura de mercado. Creo que la estructura, tal y como se está montando, está ahogando un poco la creatividad, en el sentido de que los clientes son cada vez más grandes, y los presupuestos son cada vez más fuertes. España es un mercado muy importante, y por todo ello los clientes arriesgan cada vez menos, las agencias arriesgan menos, y al final es a los creativos a quienes les dan menos espacio para arriesgar. Por eso creo que la estructura del mercado es la que nos está ahogando un poco. Ahora testan todo, y los tests lo que hacen es cortar los picos, tanto por arriba como por abajo. Estandarizan, y todo ya no solo está siendo más gris, sino del mismo color. Pero de repente, hay casos en los que alguien ¡zas! pega un pico y todo el mundo se sorprende.

La agencia puede fallar en el sentido de que no afronta el problema con el cliente. Pero, ¿qué es lo que pasa? Que esto es al final un negocio, y no se puede prescindir de un cliente de 3.000 millones de pesetas porque quiera testar la campaña y prefiera no arriesgar. Eso sucede. Muy pocos pueden decir: «Si no quieres este trabajo, no te voy a hacer otra campaña» o «si esta idea no te crees que está bien, pues lo siento y te vas con otra agencia». En muy pocas ocasiones una agencia es capaz de tomar esa decisión porque, al fin y al cabo, esto es un negocio.

Pero creo que el problema es del propio mercado. Los clientes tienen más miedo, las agencias tienen más miedo y los creativos no tenemos más que atenernos a los miedos. Es el mercado el culpable, y no la estructura de la agencia.

¿Cuáles son las prácticas de la dirección de las agencias para fomentar la creatividad?

Yo creo que no existen. Lo que intenta esta agencia es tener un buen producto creativo. Y para ello nos permiten la máxima libertad. En ese sentido, es como deben trabajar las agencias: apoyar la creatividad; ser lo más crítico con el cliente en cuanto a miedos y riesgo, dentro de la tolerancia del negocio y tratar de convencerle de que hay que arriesgar, que hay que ir un poco más allá. También la agencia debe volver a tomar el rol de asesor, y esa es la línea que debe tomar la dirección de la agencia. Ser la agencia asesora de los clientes y hacerles ver que los test sirven para evitar el fracaso, pero no para garantizar el éxito.

TONI SEGARRA

¿Valora mucho el entorno físico de trabajo?

Yo creo que todos agradecemos trabajar en un sitio bonito. Lo que sí valoro profundamente, por mi personalidad como creativo y como director creativo, es el hecho de disponer de un espacio que nos permita trabajar juntos, sin separaciones en el departamento. Es decir, creo en el departamento en el que se puede ver todo el mundo, se puede hablar, y no existen trabas físicas que impidan la comunicación. En el anterior local, en el que estuvimos casi cuatro años, también intentábamos no colocar barreras. Había algunos despachos, pero intentábamos que la mayoría de la gente estuviese más o menos junta. Eso es lo que más me interesa del espacio.

¿Y el entorno físico en el que se encuentra la agencia?

Mi impresión particular es que por ejemplo aquí dentro, hay muchísimas impresiones. Hay gente que no se siente tan cómoda como yo me siento al estar en un entorno abierto. Yo prefería estar en un barrio más vivo, más popular, que ocurrieran más cosas, donde hubiera más bares, donde hubiese más gente en la calle. Prefería estar en el centro de Barcelona. Aquí es donde hemos encontrado el local y estamos muy bien. Digamos que es una preferencia de segundo nivel. El rodear a la gente de los estímulos convenientes es una de las cosas que un director creativo y una agencia deben conseguir, deben provocar. Creo que se trata de crear el ambiente adecuado, y me parece que sería más energético y más estimulante el estar en un entorno donde en la calle ocurran cosas.

¿Cómo estimula a la gente que está en el departamento?

Yo no veo demasiado claro que tengamos un método, así que me va a ser difícil explicarlo. Yo no sé cómo estimulo a la gente y yo no sé cómo provocar un ambiente. Lo que yo creo es que hay que lograr que la gente disponga de las mayores posibilidades de tener la cabeza abierta a cualquier tipo de referencia. Por ejemplo, un experimento que es *Mil Milks*. *Mil Milks* no tiene otro objetivo que ese, introducir dentro de la agencia y del departamento creativo, en la mesa de al lado a la tuya, a tipos que trabajen en otra cosa, a pesar de que tenga que ver con la comunicación, para que de algún modo se produzca el contagio de pensar en soluciones distintas a las tradicionalmente publicitarias. Estamos en un mundo donde tenemos tanta información sobre lo que hacemos nosotros y lo que hacen los de la competencia que, al final, es un mundo muy endogámico, nos fijamos sobre todo en los anuncios que hacen los demás, y acabamos haciendo trabajo auto referencial. La idea sería que la gente abra la cabeza a todo tipo de posibilidades. Todos tenemos mucho oficio, tenemos una manera más sencilla de solucionar los problemas y se trataría precisamente de evitar ese camino. Por otro lado, creo que el estímulo principal es el ejemplo personal. Me parece que no hay una sustitución posible para eso. Es decir, si quieres que la gente trabaje en una línea determinada, tienes que ser tú el primero. El primero que tiene que arriesgarse eres tú, y si quieres que la gente curre mucho, el primero que tienes que currar mucho eres tú. No me creo en esas direcciones donde la gente trabaja mucho, pero el jefe se va a las seis de la tarde a casa. Es complicado.

Cuando forma a la pareja creativa, ¿qué características busca?, ¿por qué los une?

De entrada, nosotros somos bastante neófitos en el tema de los equipos, porque apenas hace tres años que hemos implementado el tema. Hasta ahora, nosotros trabajábamos todos detrás del mismo proyecto. El *briefing* de cliente era conocido por todo el departamento; luego, había un responsable concreto del proceso, para que no se dispersase; porque lo que ocurría normalmente era que a los *briefings* más apetecibles los cogía todo el mundo y los menos apetecibles no los cogía nadie. Al final, conseguimos durante muchos años que todo el departamento creativo pensase en todo, con lo cual no había equipos, y lo que sí existía era un proceso de constante fluir de ideas, en donde al final me tocaba supervisar a mí, me tocaba decidir a mí, pero yo tenía una mayor fuente de posibilidades. Desde hace unos tres años hemos empezado a construir equipos por un problema de crecimiento, porque no se podía manejar el crecimiento con la estructura que teníamos. Sin embargo, queremos mantener un poco la filosofía del apelotonamiento, por eso no tenemos muchos equipos de pareja, sino de tres o de cuatro personas, y lo que pretendemos es que esos equipos funcionen como microagencias, como antes era la agencia, y ahora hay como microgrupos numerosos que trabajan en varios proyectos a la vez. Lo que tampoco hacemos es que la gente tenga cuentas asignadas para que no se sientan un poco constreñidos –o beneficiados– por determinados clientes. Lo que intentamos es que se mantenga un poco el espíritu. Si hay algo que puede caracterizar nuestro sistema, es el caos. Casi siempre es la misma conclusión. Cuando vienen periodistas de fuera, siempre preguntan, ¿cómo os podéis organizar? ¿Cómo sacáis algo de aquí? Yo creo que no sé el secreto, pero dentro de un profundo desorden, salen cosas. Y nosotros tratamos de alentar ese desorden.

¿Pero cómo hacen para controlar ese caos?

Nosotros aceptamos un *briefing* y se lo adjudicamos a un equipo, como en todos los sitios, y a veces lo adjudicamos a dos equipos, o hay otros equipos que se interesan por el mismo. Es decir, lo que ocurre es que no hay un proceso hermético y cerrado de un sistema de trabajo. Normalmente, el equipo al que le es asignado el *briefing* es el que desarrolla el trabajo. A veces pasa que no, o a veces levantan la mano porque no se les ocurre nada y se le pasa a otro equipo, todo depende. Pero normalmente el proceso es el habitual, solo que tratamos de introducir el mayor número posible de variantes para que no se quede la cosa estancada en un proceso de *briefing*, equipo y dirección creativa. Se les pide que trabajen más en equipo, o si una persona de un equipo se quiere meter en un proyecto determinado y se une a otro equipo, o que un equipo deje el trabajo a otro porque se ve bloqueado. Tratar de que la gente tenga la mayor libertad posible para trabajar o dejar de trabajar en determinados proyectos.

¿Cómo contratan a las personas? ¿Qué personalidad buscan?

Nosotros contratamos por olfato, como todo el mundo. En publicidad es difícil hacerlo de otro modo. Pero aunque sea subconsciente, buscamos un tipo de persona determinado. Sobre todo porque buscamos personas con talento, o que lo parezcan, pero también al final hay un tipo de personalidad o de carácter que nos parece mejor para el entorno. Al margen de eso tenemos una inercia muy poderosa de diez años. El equipo básico de esta agencia lleva trabajando junto unos diez años. Y entonces lo que sí se produce es una rápida instalación en la inercia, o una rápida salida de la inercia. Es decir, lo que la agencia no permite son situaciones complementarias. Entonces, la gente se integra, o no se integra. Entonces, lo que hace la inercia del departamento es que la gente se sienta cómoda en la agencia o no. Hay gente que se siente muy incómoda en un tipo de entorno como este.

¿Cuál es el carácter común?

No sabría encontrar el punto en común en la gente de aquí. En general es difícil que entre gente muy ambiciosa, cosa que echo de menos de vez en cuando, pero en general la gente que tiene más fuerza y más ambición, y más ganas de crecer rápido y de medrar en el asunto, supongo que se siente un poco diluida en el ambiente. Al final, acabas teniendo un entorno muy relajado que está bien porque no se podría soportar una inercia como la que nosotros tenemos en un ambiente de piratas y de tiburones. Pero a veces tenemos un exceso de relajamiento, de apalancamiento, si es que me puedo quejar de algo. Y lo que digo es que no nos cuesta tanto atraer a la gente, porque tenemos la suerte de ser una agencia atractiva, sino que lo que nos cuesta es mantener a la gente aquí, a gente con determinado grado de ambición, porque supongo que ven esto como una especie de magma difícil de cambiar, en el que no hay escalafón, no hay demasiado por trepar, por escalar.

Las oportunidades se diluyen entre todos, es decir, es un buen sitio para aprender, pero no para hacer carrera.

¿Por qué se va ese tipo de persona ambiciosa?

Probablemente porque no ven posibilidades de crecer. Un tipo como yo, a los veinticinco años, no se quedaría aquí. La gente que dirige el departamento lleva diez años junta, hay un grado de conocimiento mutuo alto, es difícil crecer, porque ya todos sabemos quiénes somos; se crece, pero con dificultad, y somos una agencia que apuesta más por el desarrollo progresivo, y por procesos lentos de crecimiento. Para alguien que quiere ir muy deprisa, y que quiere sobresalir y que tiene muy claro lo que quiere, tenerme a mí delante, por ejemplo, es un escollo.

¿Por qué trabajar aquí?

Este es un buen sitio para tener en el currículo, lo que no sé si es un buen sitio para medrar, para progresar rápidamente y alcanzar un reconocimiento y adquirir un estatus en la profesión. Es decir, estar en SCPF es un lastre, si estás aquí es por algo. La otra cuestión es si estoy dos años en SCPF, ¿todo el mundo me conocerá? Es difícil. Hay demasiadas pantallas. Yo soy una pantalla, la gente que está detrás mío son otra pantalla. A pesar de que somos absolutamente honestos con las fichas técnicas, con los procesos, y la gente conoce más o menos lo que hay aquí dentro, y de hecho, la prueba es que constantemente reciben ofertas de todo tipo de agencias. Pero lo que les resulta difícil es tener un protagonismo real aquí. Es decir, esta agencia es una agencia protectora, paternalista, con mucha gente con cierta credibilidad en el mercado mandando y entonces, cuesta más sobresalir. Si yo fuese un tipo ambicioso, me iría a una agencia pequeña.

Y la gente que está aquí, ¿por qué sigue?

Porque está muy bien, supongo. Es una agencia que solo apuesta por el buen trabajo, que experimenta, que arriesga, que tiene buenos clientes, que pelea por conseguir las cosas, que tiene grandes oportunidades...

¿A qué llama grandes oportunidades?

Oportunidades de trabajo. De hacer buenas campañas, una agencia donde uno se puede divertir mucho. Es un buen sitio para estar, y si eres un tipo relajado y no tienes una ambición desmedida, pues es un sitio estupendo para estar.

Volviendo a las motivaciones...

Hay de todo, gente que se siente muy a gusto aquí, gente que se siente muy incómoda, hay gente que se sentiría muy cómoda en otro sitio, depende de la personalidad de cada persona. Si quieres ganar mucho dinero, no vengas a SCPF. No sabría decirte cuál es la motivación de cada persona. Supongo que aquí dentro incluso, la motivación es distinta en cada caso. ¿Por qué venimos todos aquí a trabajar? ¿Qué nos estimula a venir? Si lo que estás buscando es una definición exacta de la motivación de los creativos, es difícil. A todos, al final, nos motiva un poco lo mismo, todo el mundo quiere al final ganar más dinero, todo el mundo quiere ganar premios, todo el mundo quiere tener reconocimiento, eso es verdad, aquí y en cualquier parte. Depende de lo que primes, de lo que valores. Hay gente que se ha ido de aquí porque quería ganar más dinero, y en otro sitio le ofrecían más que aquí. Hay gente que se ha venido aquí porque le ha dado la impresión de que podría ganar más premios y tener mejor currículo. Pues también. Depende de cada caso.

¿Cómo tira de su equipo?

Yo creo que la gran obsesión aquí es hacer el trabajo distinto. Un trabajo que se perciba como diferente. La gran obsesión es que las marcas que trabajan con nosotros aparezcan distintas en sus bandas competidoras. Pero no distintas porque sí, sino porque encontremos aquel punto esencial que quizá nadie ha tocado, pero que es el verdadero. Y luego también estamos muy obsesionados en la construcción de las ideas. Hace tres o cuatro años te hubiese dicho que lo más importante eran las ideas. Hoy lo sigo diciendo, pero me parece que es más decisivo el cómo las ideas se ponen en pie, cómo se producen, cómo se realizan. Porque la experiencia me ha demostrado que excelentes ideas sobre el papel, se han desbaratado en la fase de producción, y al contrario: cosas que parecían una tontería al final funcionan. El *spot* de BMW, el de la mano, es el típico ejemplo que parece una tontería sobre el papel, y mucha gente lo dijo, pero verlo es distinto. Hay que creer en que eso puede ser así. Dos cosas que nos marcan son la diferenciación, y sobre todo conseguir esa diferenciación de un modo real. No solo en las ideas, sino en cómo se trasladan esas ideas.

¿Cómo evalúa las ideas?

Yo creo que tiene que ver con la intuición. Aunque cuando hablamos de intuición tendemos a pensar en algo como mágico, como maravilloso. Yo creo que la intuición no deja de ser una acumulación de experiencia, entonces, yo creo que la gente que tenemos más oficio y más años de experiencia somos capaces de ver en un guión más allá de lo que el propio guión dice. Somos capaces de entender sus posibilidades como pieza y no como idea. Nosotros somos muy potentes en dirección de arte y producción audiovisual. Tenemos muy buenos directores de arte y un gran departamento de producción audiovisual, desde el punto de vista cualitativo, estamos muy interesados en que la gente que acaba las cosas sea muy buena. Creo que eso es más importante a que la gente tenga buenas ideas. Porque gente con buenas ideas hay mucha, muchísima. A mí no me preocupa cuando un redactor, que digamos es la parte más conceptual del departamento, se marcha, me veo capaz de encontrar más o menos inmediatamente, media docena de sustitutos. Si se me va un buen director de arte, tengo graves problemas para encontrar otro. Y si se me va un buen *producer*, tengo graves problemas en encontrar un recambio. Me parece elemental. Si tú vas a una agencia de publicidad lo que te venden es una idea, claro. Un buen ejemplo lo leí el otro día a un creativo legendario inglés que decía que la diferencia entre una persona creativa y una persona normal es que el creativo hace las cosas. Yo ponía el ejemplo de un artista que metía vacas en botes de formol. Mira, personas a quienes se les haya ocurrido meter un animal muerto en un bote de formol hay veinticinco mil, el único que lo ha hecho y lo ha expuesto en una galería es uno. La diferencia entre un creativo y alguien que no lo es, es que el creativo hace las cosas. Las ideas son muy importantes, pero no hay problema, las buscamos y las encontramos, es esencial, no se puede trabajar sin ellas. Ahora, ¿cómo la construyes? Eso es lo realmente difícil. No digo que sea fácil encontrar ideas, pero solo eso no sirve de nada. De hecho, la idea no existe hasta que está hecha. En esa medida, es una dicotomía como la forma-fondo. Yo no entiendo que haya una separación. Procede de esa manía que tenemos los occidentales de etiquetar las cosas. Todo tiene que ser clasificado: la historia del arte, la de la filosofía, el grupo de los modernistas,¿y por qué este es simbolista y no modernista? Yo que sé. Entonces, cuando yo hago un *casting* o pongo una música, no soy consciente de que hay un fondo y una forma. Trato de hacer un todo, y luego vendrá un crítico y me dirá que la forma está muy bien, pero que el fondo falla. La prueba es que hay películas basadas en el mismo guión, y unas son extraordinarias y otras son deleznables. Yo le doy el mismo papel a cinco realizadores y me harán cinco películas distintas, y unas serán buenas y otras malas. Entonces por eso me interesa mucho más el que seamos capaces de llevar la idea donde tiene que ir que la propia idea, que me parece de una obviedad innecesaria de explicar. No empezamos a hacer nada si no tenemos una idea.

Ese movimiento de gente que llega al departamento, gente que se va, ¿afecta mucho?

A mí me parece muy positivo, tanto como para la gente que se va, como para la gente que se queda. Depende de quién se marche. Pero me parece que en toda agencia de publicidad es imprescindible un cierto flujo y reflujo de gente porque eso anima. Ves sangre nueva, ideas distintas, por una temporada, la gente nueva que está integrándose en la inercia. Hay fenómenos de encontronazos o descubrimientos, y yo creo que esto es muy bueno. Este es otro de los problemas que tenemos en la agencia: es difícil que la gente se marche, y yo creo que eso es malo para el entorno en general. Yo creo que debería haber un movimiento periódico, y más o menos constante. También creo que es bueno que la estructura más rígida y más estructurada se mantenga, pero con movimiento. Es fundamental que la gente que se está formando, en esa etapa, viese por lo menos seis o siete agencias a lo largo de sus primeros seis o diez años de carrera. Se aprende mucho. Incluso de las decisiones equivocadas se aprende mucho, quizá a veces más de las equivocadas. Yo a veces les estimulo a que se marchen. No les despido, pero para la gente que no sabe qué hacer, yo creo que es bueno. Aquí hay mucha gente que ha entrado sin ninguna experiencia previa, y hombre, está bien y yo supongo que será un buen aprendizaje, pero quedarte con veinticinco años, sin ninguna experiencia previa aquí, no deja de ser limitado, por muy bien que lo hagamos o por lo apetitosos que seamos, que tampoco es tanto. ¡Hombre!, sería mejor ver otros mundos, y otra gente, y ver cómo trabajan otros.

¿Hay algún método de adaptación?

No, procuramos hacerle la entrada lo más fácil posible, y lo que sí tenemos es paciencia. Somos conscientes de que hay un número de agencias en este país que tienen un determinado prestigio; nosotros tenemos un determinado prestigio como agencia creativa, y la gente que entra, en general, lo hace con una cierta inseguridad por si estará al nivel. Entonces me parece que para cualquier persona que entre aquí, hay que esperar unos seis meses a que se quite el miedo. Nos pasaría a todos al entrar en un sitio en el que supones que se exige mucho, y lo primero que te pasa es que te bloqueas. Cuesta que se desbloqueen, que vean que no pasa nada, que tienen que volver a ser ellos mismos. Que no hay una exigencia demoníaca por tener ideas extraordinarias inmediatamente, sino que el proceso es más relajado.

Supongo que a la hora de crear ideas, ¿se comparten todas?

Ese es otro gran debate, ¿quién es el propietario de una idea? Pues es un debate complejo y largo. Pero, bueno, el copropietario de una idea, porque yo creo que propietarios no hay, siempre tiene la ilusión y el celo de acompañar esa idea hasta el final, de tratar que no se le escape de las manos, de tratar de opinar sobre esa idea, y por supuesto, sería malo que no hubiese un espíritu de posesión de esa idea. Otra cosa es que exista mala leche o intentos de robar ideas, de pisar el trabajo de otros. No digo que no se puedan producir, porque somos humanos, pero que, en general, se cree un clima lo suficientemente abierto como para que incluso, si se producen, la gente pueda protestar y pueda expresar su disconformidad.

¿Tienden a fomentar la competencia?

No tendemos a crearla, se crea de un modo natural a veces. A mí me parece perjudicial. Yo procuro que no exista, me gustaría creer que la gente es más feliz cuando no tiene encima el peso de tener al tipo de al lado haciendo lo mismo que yo. Lo que pasa es que hay gente más competitiva que otros, gente que se mete en el trabajo de otros, pero forma parte del proceso natural. No lo fomento. Yo creo que eso se produce en algún momento de manera natural, pero lo que no queremos es que sea bloqueador. Si sirve como estimulante, mejor. Si de pronto juzgamos conveniente que otro equipo trabaje en algo que un equipo estaba trabajando y que no se sale, pues lo primero que hacemos es hablarlo con el equipo que lo estaba trabajando. Consultamos qué les parece, les pedimos que se involucren en el proceso; no entendemos que haya que estimular una competencia insana o salvaje. Hay otros sitios que lo hacen y les va bien.

¿Y si se bloquea alguien?

Lo primero que hay que saber es si es un bloqueo patológico o es un bloqueo circunstancial; hay gente que nos parece que está bloqueada y gente que es mala. Hay que distinguirlo y detectarlo, y una vez que lo detectas, aplicar la cirugía. Es un proceso constante de oler, de olfatear quién está bien y quién está mal, de ver quién lleva una temporada sin sacar algo bueno y lo está notando, quién está demasiado sobrado y hay que pararle los pies, quién no acierta... A veces esto se habla entre la dirección, pero generalmente, es un proceso mucho más intuitivo, más psicológico, y entonces lo que haces es que cuando ves que un equipo ha comido muchos marrones durante un tiempo determinado, pues dices que a estos ya les toca una perla, y estás más con ellos, hablas más con ellos, y luchas porque la perla salga, y viceversa, pero no hay un método. Y muchas veces te pasa desapercibido. De pronto hay un tipo bloqueado y no te das cuenta, alguien te lo tiene que decir; o él mismo se descubre, o lo descubres tarde, pero sí que hay un constante olfateo. Otra de las cosas por las que me gusta el espacio abierto es porque me paso el día yendo de mesa en mesa, y eso te hace tener un poco más la sensación de tenerle el pulso tomado a cómo están los equipos y cómo está la gente.

¿A qué se dedica en la agencia?

Me concentro en proyectos que me parecen de especial importancia o que me parecen especialmente atractivos, o que me parecen decisivos para el desarrollo de la agencia. Entonces, normalmente lo que hago, aparte de tener una enorme cantidad de trabajo más prosaico, tipo reuniones, contestar *e-mails*, atender al teléfono, que me quita muchísimas horas, ver gente, que me parece una parte importantísima del trabajo, ver creativos... el resto del tiempo lo paso en enterarme de cómo están los procesos y tratar de estimular, enfocar, dirigir, juzgar, rechazar cosas que se estén haciendo mal y que creo que se deberían corregir, aportar ideas. Mi función es un proceso itinerante en el que trato de pulsar como está el trabajo y hacer que siga para adelante y que crezca. ¿Cómo? Depende del caso. Me voy sentando en las mesas y voy preguntando, y normalmente, llega un momento en el que detectas enseguida cómo está el proceso solamente con decir, ¿cómo va esto? Es una cuestión de trato y de conocer a la gente. Tampoco hay un día modelo de trabajo. Hay días que estoy siguiendo la producción, hay días que estoy más con el cliente, hay días que no salgo de aquí, hay noches que tenemos que terminar un trabajo y que nos juntamos aquí y nos quedamos hasta las tantas a comer pizza y a ver si sale, depende del día.

¿Y sobre los horarios?

El respeto al horario oficial de la agencia no se cumple. Los horarios no funcionan. Aquí la gente entra cuando quiere, en una ancha banda que va entre las nueve y las once. Y tampoco existen horas de salida de la agencia. En general, casi todas las noches hay gente aquí trabajando para algún proyecto, incluso los sábados. No siempre son los mismos. Yo, por ejemplo, me obligo a irme a casa. Razones para no irme las tengo, podría seguir trabajando *ad eternum*, porque siempre hay alguna cosa que mejorar. El problema en una agencia con el nivel de exigencia alto se encuentra en que difícilmente el trabajo está como tú quisieras que estuviese. Entregas porque lo tienes que entregar, pero el nivel de acabado real que tú quisieras nunca se consigue. Entonces claro, en cuanto hay quince o veinte proyectos en la agencia, que supongo que es la media de proyectos que hay normalmente, siempre hay alguno en que meterse. Pero yo procuro irme a casa a las nueve o nueve y media como muy tarde, pero porque tengo la disciplina de irme a esa hora. No obstante, hay gente que se queda aquí hasta las tantas.

Y este hábito es bueno, no solo en esta agencia sino en todas las de nuestro país.

Yo insisto mucho a la gente en que traten de hacer su vida. Lo que no quiero es que se convierta en una mecánica o que se convierta en una rutina, y lo que me parece es que la gente debe preguntarse si lo hace porque es una rutina o porque le gusta, pero más allá de eso la gente es libre de complicarse la vida como quiera. A mí lo que me interesa es que el trabajo esté y esté bien hecho. Por ejemplo, cuando la gente protesta por este entorno de trabajo, mi respuesta siempre ha sido: «Nadie te obliga a venir aquí a trabajar». Es decir, te obligamos a que tengas el trabajo, es la única obligación que tienes. Me da igual que trabajes en la terraza, que trabajes en el bar o que trabajes en tu casa. Yo de hecho, muchas veces que necesito concentración me voy a trabajar a casa. Yo diría que este es el sitio donde pones las cosas en común, donde contactas con los demás, donde estableces ese proceso. Esto lo que te da es energía, pero el trabajo en solitario no lo debes hacer aquí: me parece un sitio ridículo para hacer el trabajo en solitario.

¿Y cree que lo tienen claro o lo hacen porque lo dice el jefe?

Pues yo creo que lo tienen claro. También creo que la forma para trabajar mejor mayoritariamente es la que tenemos aquí, es decir, para la gente que está aquí. En general, todo el mundo prefiere trabajar en grupo, todo el mundo prefiere estar arropado, todo el mundo quiere rebotar las ideas que tiene. La opción menos mala es estar aquí; pero de vez en cuando sí que se va la gente.

No es peligroso la dinámica de pasar tantas horas en la agencia, luego seguir con los compañeros de trabajo, ¿los creativos no se aíslan del mundo real?

Sí, en la teoría eso es cierto, y lo hemos hablado más de una vez, y lo hemos escrito todos, y hay artículos recurrentemente sobre el tema. Tiene toda la lógica, pero lo cierto es que, después, lo que te encuentras en una agencia es una pandilla de tipos que están al tanto de todo. Supongo que tiene que ver con la personalidad del creativo. Aquí todo el mundo ha visto la última película, todo el mundo está al tanto de la última *web*, todo el mundo está al tanto del último bar de copas, etcétera. La gente se fija en los pequeños detalles y luego, cuando ves la publicidad, yo no creo que haya ido a menos, sino a más. Cada vez ves más sutileza en el arte de conectar con las cositas del día a día. Por tanto la pregunta me parece una paradoja. Es cierto lo que dices, y es verdad, y debería producirse un efecto como el que tú dices, pero por otro lado no veo que se produzca. Por otra parte me pregunto si no será un mito eso de ir andando por la calle y, ¿cuántos escritores han retratado la realidad de maravilla, encerrados en una habitación? No lo sé. Es una buena reflexión, y me parece que es una preocupación que todos tenemos, pero luego tampoco creo que la solución sea salir a la calle, aunque de hecho la gente sale y también pasan muchas horas aquí, pero se sale.

¿Son racionales los límites de tiempo para realizar un trabajo?

Depende. Hubo un tiempo hace un par de años en que parecía que se iban recortando, recortando, recortando, pero esto no ha progresado. Se ha vuelto a lo de antes, por lo menos a nosotros nos pasa, no sé si a todos. Me temo que somos una agencia privilegiada en eso. Pero hay de todo: hay *briefings* que hay que tener dentro de unos días y hay de pronto un proceso en el que estás tres meses. Aunque esto no creo que sea bueno, me temo que el carácter del creativo español no es propenso a la reflexión y a la concentración. Me temo que somos mucho más buenos en lo rápido, en lo improvisado, porque nos hemos educado en ello, pero mi experiencia personal me dice que los procesos largos, o se utilizan, o no sirven para nada. Normalmente no se utilizan. Los procesos cortos también son malos. Yo creo que hay un término medio, yo diría que el término medio ideal para un proceso de creación son tres semanas o un mes. Pero bueno, a veces te salen en dos semanas o a veces no te salen en un mes. Pero yo creo que viene de nuestra idiosincrasia nacional, pienso que no somos propensos a la reflexión: nos cuesta mucho, somos mucho más caóticos, más desordenados. Quizá lo seamos más aquí, por ejemplo, pero creo que es nacional.

¿Sería una tontería intentar cambiarlo?

Para cambiarlo requeriríamos un proceso de transformación cultural que es lento. No estaría mal, y yo creo que los clientes más avezados se dan cuenta de que si le dan a la agencia un poco más de tiempo se obtiene un mejor trabajo, y también es cierto que los mejores clientes en este país trabajan más con un proceso de prueba y error más intuitivo. Creo que se va aprendiendo y que se va educando y a medida que se ofrezca mejor publicidad iremos sacando cosas. Probablemente en veinte años esta pregunta no tendrá tanto sentido. Yo no creo que sea una cosa que tengamos que achacar exclusivamente a los clientes pues también forma parte de nuestra esencia. Siempre nos quejamos del tiempo, pero no sé si luego este se aprovecha.

¿Cuál es la relación ideal con el cliente?

En este sentido, aquí también somos una agencia privilegiada. Luego la gente nos echa esto en cara, pero nosotros también tenemos problemas con los clientes. A mí, por definición, me parece que echar la culpa al cliente de cualquier cosa es una villanía. Claro que hay clientes complicados, pero ellos siempre buscan hacer el mejor trabajo posible, no me cabe ninguna duda. El mejor trabajo posible significa el trabajo más eficaz posible. Otra cosa es que algunos tienen sus propias ideas y no coinciden con las tuyas, o que tienen puntos de vista distintos. Por otro lado, me parece que es imposible hacer un buen trabajo sin un buen cliente: esto es una verdad absolutamente matemática. Necesitas un cliente que te permita hacer ese trabajo, que te oriente para hacer ese trabajo. Se trata de un trabajo en equipo. Tu visión de lo que es la marca te la traslada el cliente; entonces, en la medida en que te la traslade bien o mal, harás un mejor o peor trabajo. Es muy importante el nivel de interlocución. Es decir, uno de los problemas reales, y que nosotros padecemos, es que el nivel de interlocución con el cliente ha descendido en calidad. Cada vez más, hablamos con gente que tiene menos el espíritu de la marca porque es gente más joven, que lleva menos tiempo con el cliente y que por definición, tiene menos cogido lo que la marca significa.

Yo no creo en las definiciones de marca que aparecen en un papel. Por supuesto que hay que escribir y por supuesto que hay que investigar, pero las marcas se conocen más por lo que uno ve de ellas, por lo que uno siente de ellas, por lo que uno sabe de ellas. Y yo sé, por mi experiencia, que en todos los clientes hay gente que tiene cogido este espíritu. Entonces a mí me gustaría que el nivel de interlocución fuese como mínimo con esa persona que tiene cogido el espíritu de la marca, que tiene, que exige qué cultura tiene, qué carácter requiere. Normalmente, son los que están más arriba los que lo saben y en la medida en la que puedes hablar con gente que tiene más a su alcance la esencia de la marca y que tiene más capacidad para tomar decisiones, el trabajo se facilita enormemente

Por otro lado, a mí lo que me gusta es trabajar muy estrechamente con el cliente. Hay un proceso de aprendizaje fundamental, que dura unos meses o a lo mejor unos años, en el que necesariamente tienes que trabajar codo a codo con el cliente para tratar de comprender cuál es el problema, cuál es el alma, con qué voz tienes que hablar, qué voz tienes que crear si es que tienes que crearla. Es decir, estamos hablando de cosas que tienen más que ver con la sutileza que con la técnica fría.

Pero el contacto muy directo con el cliente, ¿no contamina la creatividad?

Yo estoy hablando de marcas que tanto el cliente como nosotros tratamos de llevar a sitios distintos. Yo no trabajo para el cliente, yo trabajo para la marca que mi cliente me pasa. Entonces yo no quiero venderle al cliente la campaña que mejor salga. Yo estoy tratando de entender la marca y de hacer lo posible para el objetivo que él se ha trazado. A la vez, él está haciendo lo mismo. Entonces, es un trabajo en conjunto para un objetivo superior. Y es así. Lo que tú no puedes hacer es confundir al cliente con tu responsabilidad. ¿Que al cliente le va a gustar más? Yo tengo casos de clientes que se tienen que sentir cómodos con lo que tú haces, pero a eso llamo yo sentir la marca. Entonces, yo estaría confundido si lo que yo quiero es agradar a ese tipo. A pesar de que, al final, yo tengo que agradarle.

¿Es difícil?

Te puedes amodorrar por ambas partes. Puede llegar un momento en que la inercia del éxito –que es el peor narcótico– hace que no te plantees las cosas, no te interrogas sobre lo que estás haciendo. Casi siempre que hay un proceso de éxito muy profundo, al cabo de dos o tres años te encuentras con que has abandonado las esencias y te has dejado llevar por el «esto funciona, esto funciona, esto funciona». Lo digo por ambas partes. Hay que estar al tanto constantemente. Es lo difícil, y eso es lo que todo cliente te exige y muchas veces no somos solo nosotros los que estamos en déficit con ellos. Es decir, ese constante pulsar de si lo que estamos haciendo con la marca es lo que pide el mercado, si por el hecho de que el año pasado acertaras, este año va a funcionar. Las marcas son seres vivos, objetos cambiantes. Las marcas y también los consumidores. Y en esa medida lo que más me parece claro de lo que tú dices es que puedes amodorrarte, pero por ambas partes. Porque una parte del trabajo del cliente es la misma que yo tengo aquí, que es estimular a la agencia, exigirle, pedirle que esté constantemente involucrada, sentir que tu agencia está en contacto constante con el consumidor y con lo que quieres obtener de él. Es decir, esto es una cosa que ellos deberían obtener de nosotros y deberían saber trasladárnoslo.

¿Es importante el presupuesto a la hora de plantear una idea?

Es vital. En general, el presupuesto en los últimos años ya forma parte del *briefing*, y cuando no, pues uno sondea qué nivel de expectativas tiene el cliente con respecto al proceso. Es decir, incluso cuando no tienes esa información lo sondeas también porque a veces hay grandes ideas, pero no cuentas con el dinero para contarlas. Ese es un proceso que tiene mucho que ver con el que te he dicho antes de la realización de la idea, porque eso es otra cosa que hace cinco años no te hubiera dicho. Hace cinco años te hubiera dicho: «No, mira, lo importante es la buena idea, y luego el presupuesto ya se ajustará». Si tienes una buena idea, pero no tienes el dinero para producirla o el dinero para enseñarla, es como si no tuvieras nada. Nosotros hemos tenido multitud de buenas ideas que no han tenido ningún éxito por culpa de no haber tenido en cuenta que no había presupuesto para producirlas. Me parece clave. Es un factor decisivo a la hora de construir la idea.

Los límites, las restricciones ayudan a la ideación.

Hombre, yo creo que en general, este tipo de limitaciones como la del presupuesto, ayudan. A pesar de que pueda parecer una paradoja, no hay peor mal trago que cuando te dicen: «Oye, libertad absoluta». ¿Cómo que libertad absoluta? Una de las cosas que me gustan de este oficio es que se trata de buscar soluciones a problemas. Entonces, yo quiero que haya un problema, y que esté bien definido. Entonces me parece que es una de las partes difíciles de nuestro trabajo, y que ahí el cliente es decisivo. Cuando digo problema no me refiero siempre a algo negativo, sino que quiero llegar hasta este punto y tengo estas condiciones, cómo lo hago, cuál es el camino más rápido. Por ejemplo, soy BMW, soy un coche que todo el mundo valora como estupendo y maravilloso, pero la gente no me quiere, ¿qué hago? Eso es lo que me interesa.

Y sobre el *briefing*...

Yo creo que existe una figura mítica e inexistente sobre la cabeza del creativo que es la del *briefing* perfecto del tipo de cuentas perfecto. Es decir, se supone que hay una gente de cuentas tan lista y tan extraordinaria que en media página, en pocas palabras bien dichas, te deja, en términos futbolísticos, con el centro perfecto, justo a la cabeza, para que tú sólo tengas que empujarla a la red, y si no la metes, eres más malo que... Pues eso no existe. Es una figura legendaria, del mismo modo que no existe la figura del creativo perfecto, al cual le van con un papel y en media hora vuelve con la campaña, con los cartones y todo. Eso tampoco existe. Entonces mucha parte del conflicto cuentas-creación procede de una incomprensión mutua, de lo que uno y otro tienen que hacer y de que están en el mismo proyecto, en el mismo barco y que, al final, los dos persiguen lo mismo. Yo creo que no es asunto del departamento de cuentas acertar en lo que hay que decir. Sería de agradecer que su trabajo fuese el de entender lo que quiere decir el cliente, más allá de sus palabras, y tratar de transmitir eso de la manera más clara posible. Así como también tratar de establecer una estrategia y un concepto que ayuden a buscar esa solución junto con el departamento creativo porque forma parte de su trabajo.

¿Y funciona este esquema en esta agencia?

Sí. Otra cosa de las que me podría quejar del departamento creativo. No me quejo porque me parece que tengo un departamento modélico, pero sí que me faltaría un poquito más de ambición, y otra cosa es que fuesen un poco menos rigurosos. Es decir, nos hemos acostumbrado a ser demasiado rigurosos estratégicamente, lo cual muchas veces nos aparta de la frescura, de la insolencia, de la provocación. Muchas veces es mejor que ser muy coherente en lo que dices, porque en muchos casos te puede llevar a que se te note, a ser demasiado rígido.

Para terminar, las estructuras de las agencias, ¿ahogan un poco la creatividad?

Una cosa interesante es mi propia experiencia en esto: el crecimiento. Yo estaba convencido de que el crecimiento ahogaría nuestro producto creativo. Cuando tuvimos un crecimiento brutal y duplicamos el personal de la agencia yo estaba aterrorizado y convencido de que el producto se iba al fondo del mar. Sin embargo, el crecimiento se ha conseguido. Lo que pasa, es que tiene que ver con esta agencia. Me imagino que nosotros teníamos un segundo nivel enterrado que solo ha podido florecer en el momento en el que ha tenido espacio, y eso es un fenómeno que se ha producido. Pero que nosotros no teníamos ni preparado ni calculado. Es decir, en el momento en que la gente de dirección hemos tenido que delegar a la fuerza, se ha producido un relevo natural que ha permitido a la gente crecer y se ha revelado el acontecimiento como un bálsamo. Entonces, al contrario de lo que yo te hubiera dicho antes sobre el crecimiento, pues ahora ya no se qué decirte. A lo mejor crecer mucho sí es malo. Quiero seguir manteniendo esa postura, pero desde luego crecer no tiene efectos tan nocivos si consigues un equipo que sepa responder porque haces que la gente tenga más cancha y que juegue más tranquila.

TÍTULOS PUBLICADOS

Yumelia Textos

Técnica de ventas en ciento veintiuna reglas de oro
Jan L. Wage

Periodismo especializado
Montserrat Quesada Pérez

El guión y la trama. Fundamentos de la escritura dramática audiovisual (2.ª ed.)
Ronald B. Tobias

La publicidad radiofónica en España. Análisis creativo de sus mensajes
Clara Muela Molina

Relaciones humanas en la empresa (2.ª ed.)
José M.ª Rodríguez Porras

Periodismo especializado
M.ª Rosa Berganza Conde

Creatividad individual y grupal en la educación
María Luisa Sanz de Acedo Lizarraga y María Teresa Sanz de Acedo Baquedano

La educación del carácter
María Hernández-Sampelayo Matos

Gestión creativa de la agencia de publicidad
Jorge del Río

Serie general

El mentir de las estrellas. Ensayo sobre la superstición
Rafael Rodríguez Vidal

Al otro lado de la vida. Explorando el fenómeno de la experiencia ante la cercanía de la muerte
Evelyn Elsaesser-Valarino

Nueva historia de la música (2.ª ed.)
José Luis Comellas

877 refranes españoles con su correspondencia catalana, gallega, vasca, francesa e inglesa (2.ª ed.)
Julia Sevilla Muñoz y Jesús Cantera Ortiz de Urbina (eds.)

Guía del hipocondríaco hacia la vida. Y la muerte
Gene Weingarten

1.001 refranes españoles con su correspondencia en ocho lenguas (alemana, árabe, francesa, in- glesa, italiana, polaca, provenzal y rusa)
Julia Sevilla Muñoz y Jesús Cantera Ortiz de Urbina (Eds.)

¡Se dice pronto! 1.150 expresiones, modismos y frases hechas en CASTELLANO y su versión equivalente en INGLÉS, FRANCÉS e ITALIANO
M.ª Leonisa Casado Conde

Yumelia autoayuda

La convivencia (6.ª ed.)
La admiración. Saber mirar es saber vivir (4.ª ed.)
La ilusión. La alegría de vivir (6.ª ed.)
La madurez. Dar a las cosas la importancia que tienen (5.ª ed./1.ª reimpr.)
La tolerancia (4.ª ed.)
La intimidad. Conocer y amar la propia riqueza interior (7.ª ed.)

La sensibilidad. Nada de lo humano me es ajeno (3.ª ed./1.ª reimpr.)
La afectividad. Los afectos son la sonrisa del corazón (2.ª ed.)
La elegancia. El perfume del espíritu (2.ª ed.)
La serenidad. Una actitud ante el mundo (3.ª ed.)
El encuentro. La autenticidad de la palabra
El silencio. Un espacio para la intimidad (1.ª reimpr.)
El tiempo. Su paso por la existencia humana
El agradecimiento. Una opción entrañablemente humana
El sosiego. Una filosofía de vida
Miguel-Ángel Martí García

¡Escucha... y verás!
José Antonio Íñiguez Herrero

Buena vida, vida buena. Sugerencias para el siglo XXI
María Hernández-Sampelayo Matos

La timidez. Un preciado don del patrimonio genético humano
Giovanna Axia

El miedo. ¿Luchar o huir? Las estrategias de un mecanismo instintivo de defensa
Maria Rita Ciceri

Los celos
Las mentiras
Danielle Dalloz

La agresividad
Edwige Antier

El apetito
Sylviane Bonnot-Matheron

Mi hijo es hiperactivo
Regina Cobo

Diálogos en torno a la verdad personal
Antonio Malo Pé

YUMELIA ESPIRITUALIDAD

Fátima, 1917. El acontecimiento «paranormal» más espectacular de la historia moderna
Gerard J. M. van den Aardweg

El libro de los santos
Omer Englebert

En el principio creó Dios... Creación del Universo, que prosigue, y que la Ciencia va descubriendo (2.ª ed.)
Benito Orihuel Gasque

José de Nazaret en el Tercer Milenio cristiano. Panorama eclesial, bíblico y teológico
Josemaría Monforte

La sombra rasgada. El encuentro con Dios en un tiempo de búsqueda
Antonio Ariza

Santa María, Alegría de Europa. Apuntes tomados a lo vivo
Federico Delclaux

Tres años con Jesús. Meditación sobre la vida de Cristo
La Primera Semana Santa
La Creación
Enrique Cases

Fe vivida. Cree, celebra, vive, reza
María José Monfort (Coord.)

YUMELIA FAMILIA Y EDUCACIÓN

Padres y profesores (3.ª ed.)
Fidel Sebastián Mediavilla

Educar la voluntad. Un proyecto personal y familiar (2.ª ed.)
Educar el corazón (2.ª ed.)
Educar la inteligencia
Cultivar la imaginación
Coherencia y rebeldía
Oliveros F. Otero

Por qué llevan los padres a sus hijos a hacer deporte
Arturo Pérez Belló

La confianza: un reto educativo
Alfonso Ríos Louzao

Guía práctica de caracterología. Cómo sacar partido al carácter de tus hijos o alumnos (1.ª reimp.)
José Gay Bochaca

Después de amar te amaré (1.ª reimp.)
Hamo. Un hombre en busca de sí mismo
Javier Vidal-Quadras

Educar... con fundamento
Educar contracorriente
Diego Ibáñez Langlois

Cómo educar a niños de 6 a 12 años
Diario de un curso escolar
Leer en primaria: tú puedes
José Manuel Mañú Noáin

Educar con el cine. 22 películas
M.ª Ángeles Almacellas Bernadó

Retos de futuro en educación. Aprender a perdonar
Oliveros F. Otero (Coord.)

En torno a la pareja y los hijos
El conocimiento del otro. El noviazgo
José María Contreras

Mi familia… mi mejor empresa
Mariángeles Nogueras

Educar superando las dificultades. La mirada transparente
M.ª Asunción Balonga

Más allá del sí, te quiero
Aníbal Cuevas

YUMELIA SOCIEDAD

¡Mujer! ¡Atrévete a dirigir!
Barbro Dahlbom-Hall

El feminismo ha muerto ¡Viva la mujer!
Josefina Figueras

La ética de cada día
Ferrán Blasi i Birbe

El mito de la supermujer. Desde el Cine con amor...
M.ª Asunción Balonga Figuerola

Moda española. Una historia de sueños y realidades
Josefina Figueras

Mirando la moda. 11 reflexiones
Mónica Codina, Montserrat Herrero (Eds.)

Protagonistas de la moda
Josefina Figueras

Marketing de la moda
José Luis del Olmo Arriaga